JN492193

漢字와 寓言

한자와 우언

김훈호·오길용
공저

신아사

머리말

葛雲 은사님을 좇아 군산대 오길용 교수와 동문수학한 지 40년이 되어 간다. 葛雲 선생님은 생전에 자주 우리가 늘 겸손하고 책을 집필할 수 있는 자유로운 학자가 되라고 말씀하셨다. 선생님은 상하좌우를 살피어 길 한 가운데로 가기 원하셨다. 지난 추운 겨울 군산을 찾아 오교수와 함께 다시 葛雲 선생님의 가르침을 생각해 보았다.

한자(문자)를 배우며 가르칠수록 한자 구조속의 논리와 수학적인 결합, 한자 부수에 담긴 해학은 나를 경탄하게 한다. 한자 한 사람(人)에는 그 변화에 따라 比從北化하는 마음을 담고 있다. 사람(人)은 단순한 필획이지만 우리에게 생동감 있는 희망과 호흡을 준다. 漢字는 한 글자마다 대다수 의미가 있다. 中國古代에는 漢字를 학습하는 목적은 논리와 수학을 가르치는 데 있었다.

이 겨울이 지나면 향림골에서 젊은이들과 생활한 지 32년이 된다. 風雲을 몰고 스스로 浮沈하면서 살아왔다. 역사의 현장에도 참여하고 말았다. 거기에는 항상 어머니의 고심이 있었다. 오늘도 간절히 기도를 해본다. 이 기도는 남은 날을 진실하게. 거짓 없이 살 수 있도록. 오늘도 어머니가 그립다.

내가 살아가는 21세기 분단된 반도에는 親朋好友가 있다.

50년 가까이 조용히 나를 바라보는 好友.

항상 蝴蝶의 웃음을 가진 親朋.

屯栗 언덕의 寸鐵殺人의 一心 신부.

그분의 강론에 스며든 해학은 삶의 멋을 느끼게 한다.

한자 안에 이렇게 좋은 단어가 있는 줄 이 책을 쓰면서 처음 알았다.

그것은 바로 蝴蝶이다.

나비가 사람과 같은 마음이 되는 것이다.

이제 우리는 동물의 시대에 살고 있는지 모른다.

인간다운 모든 것들이 그리운 시절이다.

이 책은 중국인 삶의 지혜와 해학이 녹아든 寓言을 정리한 작은 시도이다.

웃음을 찾는 총명하고 지혜로운 이들이 자주 보고 싶다.

2022년 1월

노을 진 군산 금강에서

목 차

寓言 名句의 이해 ·59

부록

漢字와 寓言

漢字의 이해

漢字의 이해

1. 문자와 부호

인류는 수십만 년 동안 기호, 그림 등 간단한 부호를 이용해 의사소통을 했다. 그러나 인류 역사가 계급사회에 진입한 이후에 인류문명이 발전하면서 문자가 창조되었다. 현존하는 세계에서 가장 오래된 문자, 즉 이집트의 상형문자, 수메르의 설형문자, 앗시리아의 설형문자, 한자 등은 대부분 인류 사회에 계급이 출현한 이후에 형성된 부호 체계문자이다.

이러한 부호 체계가 진정한 의미의 문자부호가 형성되려면 일정한 사회 조건이 필요하다. 가장 기본적인 사회조건은 첫째, 문자를 사용하는 집단의 생각을 재현할 수 있는 여러 사람들 사이에 합의된 공식적인 기호나 상징적인 체계이다. 둘째, 사회 발전에 따라 역사적 사건을 보존하려는 구체적인 욕구가 필요하다. 이처럼 전문적으로 어떤 일을 문자로 정리하고 집필하면서 인류사회는 문자부호를 만들기 시작했다.

인류는 문자가 생기면서 언어의 시간적, 공간적인 제약이 사라졌고, 언어의 교제 기능이 확대 재생산되었다. 문자를 이용해 역사, 지식, 기술, 경험 등을 기록하여 세상에 알리며 사회 발전을 선도해 왔다. 언어는 낱말과 문장을 이용한다. 말을 통하여 인간의 사고활동을 전달하고 소리와 뜻을 가지고 있다. 반면에 문자는 언어를 기록하는 부호로 표음과 표의 기능이외에도 형태 성분이 있다. 언어는 청각적인 부호체계이며, 문자는 시각적인 부호체계이다. 또한 언어는 생각을 전달하는 구어형식이고, 문자는 언어를 기록하는 서면형식이다. 서면어의 출현으로 언어는 가공되고 섬세하게 다듬어 질 수 있었다. 문자가 탄생한 이후 언어는 훨씬 광범위하게 전파될 수 있었다. 이로써 문자는 언어의 발전을 촉진하였고 언어를 더욱 정밀하고 풍부하게 하였다.

중국은 4천여 년 전 하(夏)나라 때 노예제도의 계급 사회에 진입한 이후, 상(商)나라 전기나 중기쯤에 한자의 부호 체계가 형성되었다. 이 시기에 출토된 한자부호 가운데 가장 오래된 문자가 상(商)나라의 갑골문(甲骨文)과 청동기에 새긴 금문(金文)이다. 상나라 때 갑골문자와 청동기에 새긴 명문은 매우 완전하며, 성숙한 문자 부호 체계이다. 이 한자의 부호 체계는 하나라와 상나라 이전 원시 씨족사회에서부터 오랜 동안 천천히 진행되며 끊임없이 창조된 것이다. 다만 그 때의 그림 모형이나 부호는 아직 언어와 긴밀하게 결합되지 못하여, 완전한 부호 체계를 형성하지는 못했다. 20세기 초에 中國 河南 殷墟에서 甲骨文字가 발견되었다. 갑골문의 발견은 매우 우연이었다. 王懿榮은 1899년 북경의 약방에서 龍骨이라는 약을 샀는데, 龍骨에서 한 번도 보지 못한 문자를 발견했다. 漢字가 새겨진 龍骨은 河南 안양에서 대량 발견된 것이다. 龍骨은 사실상 거북껍질과 소의 어깨뼈이다. 지금부터 3,000여 년 전 商 王朝는 점치는 도구로 이것을 사용했고, 위에 새겨진 문자는 갑골문이라 칭한다. 殷商時代의 갑골문의 발견은 商왕조가 실제로 존재했음을 인정하게 한다. 이것은 19세기 세계를 깜짝 놀라게 한 문화사건이다. 갑골문은 지금까지 발견된 가장 早期의 성숙한 漢字이다. 갑골문은 상형자이다. 한자 부호 체계가 형성되기 이전의 그림도형, 부호, 기호의 조합에 의해 만들어진 문자자료는 아직 풍부하지 못하다. 다만 이미 출토된 문자자료를 통해 이러한 그림도형, 부호, 기호조합의 존재와 한자 부호의 기원 등을 설명할 수 있을 뿐이다. 예를 들면, 근대에 계속 출토된 앙소(仰韶)문화와 용산(龍山)문화의 도기에 나타난 그림도형, 부호, 기호는 많은 부분이 갑골문, 금문의 문형과 비슷하여, 그들 사이의 발전 관계를 추정할 수 있다. 이미 부호 체계를 형성한 갑골문, 금문은 그림 도형, 부호, 기호 등을 조합하여 만든 문자로 직선화, 부호화, 정형화 되었으며, 금문에는 명확한 그림 도형 흔적이 혼합되어 있다.

한자는 그림도형, 부호, 기호를 반복적으로 사용하면서 끊임없이 언어와 결합하여 발전하였다. 이러한 문자부호를 전문가(무당, 사학가)가 수집, 정리하여 완전하게 언어를 기록할 수 있었으며, 최후에는 원시의 그림도형, 부호, 기호를 조합하여 문자에 적용하는 과정을 거쳐 완성하였다.

2. 한자의 기원과 발전

한자가 언제 어떻게 만들어졌는지는 확실하지 않다. 전국시대부터 지난 2천년 동안 끊임없이 연구해왔지만 추측만 무성하다. 한자는 한민족들 사이에 발생하여 수천 년 동안에 그 자형(字形)을 바꾸고, 발음이나 의미도 변하여 오늘날에 이른 것이다. 그 시초는 사물의 모양을 그린 그림글자나 사건의 뜻을 나타낸 부호에서 유래하여 한민족의 말을 나타낸 표의문자(表意文字)에 속하는 문자이다.

문자의 의미를 한자 자형의 표준인 후한(後漢) 허신(許愼)의 《설문해자(說文解字)》에 보면, 문자를 '文 : 錯畵也, 象交文. 字 : 乳也, 從子在宀下.'라고 풀이되어 있다. '文'은 '紋'과 같은 뜻이니 곧 두 무늬가 交互된 것을 나타내므로 상물의 本이라 하겠다. 반면 '字'는 불어난다는 뜻을 내포하고 있다. 또한 倉頡之初作書,

蓋依類象形, 故謂之文, 其後, 形聲相益, 卽謂之字。文者, 物象之本 ; 字者, 言孳乳而浸多也. (창힐이 처음 글자를 만들 때 대체로 유형에 의거하여 형태를 본떴으니, 그러므로 이를 文이라 하고, 그 뒤에 형태와 소리가 서로 더해지니 이를 곧 字라 한다. 文이란 사물형상의 근본이고, 字는 새로 파생되어 점점 많아지는 것이다.)

한자의 기원은《說文解字》序에 伏犧氏가 易의 八卦를 만들어 문자를 만들었으며, 神農氏 때에 結繩에 의해 大小事를 記憶하는 일이 행해졌다는 전설이 있다. 다른 하나는 중국 고대 전설시대에 황제의 사관인 창힐이 새의 발자국을 보고 만들었다고 한다. 이처럼 한자의 기원에 대해서 여러 문헌에 단편적으로 전해 내려오고는 있지만 신빙성 있는 근거를 찾기는 어렵다. 또한 한자와 같은 방대한 문자 체계가 일정 시기, 한 사람에 의해 만들어졌다고 보기는 어렵다. 문자는 사회적 요구에 의해 생겨난 산물이며 오랜 세월에 걸쳐 일정한 변천의 과정을 거치면서 발전해 왔다고 보아야 한다.

다만 한 가지 공통적인 것은 복희에서 황제에 이르는 어떤 시기에 인간의 의사를 말이 아닌 기록으로 표시하는 방법이 있었을 것이다. 그 초기 형태가 결승(結繩)이고 그 다음 발전된 형태가 서계(書契)라고 추정할 수 있다.

한자의 발생과 발전은 아주 단순한 것에서부터 시작된다. 바로 상형(象形)의 원리이다. 초기 한자의 상당부분은 도화(圖畵)와 유사한 글자로서 상형자라고 부른다. 갑골문의「月, 雨, 魚, 衣, 木, 人」등은 모두 대자연과 외부 사물을 묘사하고 표현한 상형문자이다.〈鼻－코(비)〉는 사람의 코 모양에서 출발한 '自'가 후에 자기 자신을 지칭하는 습관으로 인해 '자신'이라는 의미로 현재 쓰이고 있지만, 원래는 '사람의 코'를 의미하는 것이다. 후에 사람의 코는 원래의 '自' 밑에 현재 주로 '畀(비)'의 의미로 설명되는 부분을 추가하여 새로운 글자를 만들게 된다. 이제

「自」자를 중심으로 늘어난 글자들을 살펴보면「自」는 처음에는「코」의 의미였다. 이 글자는 갑골문에서 콧대와 두 개의 콧구멍이 있어 코의 형상을 생생하게 나타낸다. '自'자 밑에 '心'을 보탠 것이 '息' (숨쉴 식) 자로 숨을 나타내어 당연히 코와 관련이 있다.「臭」는「自」와「犬」(개)이 합성된 회의자(會意字)이다. 선인들은 일찍이 개의 코가 냄새를 맡는 데에는 가장 영험이 있으며 냄새와 코는 관련이 있음을 알아내었다. 그래서「臭」(냄새 취) 자는「自」를 가지고 합성한 부분으로 만들어졌고, 후에「口」를 붙여「嗅」(맡을 후) 자가 되어 전적으로 냄새를 알아내는 동작을 나타내게 되었다. 본래의 코(自)의 의미에서 파생된 몇 가지 한자를 알아보면 다음과 같다.

首 : 코(自) 위에 이마와 머리카락의 의미를 표시 – 머리(수)

頁 : 코(自) 위에 이마와 이래의 턱 의미를 표시 – 머리(혈)

面 : 코(自) 위에 이마와 코 좌우에 양쪽 뺨을 표시 – 얼굴(면)

須 : 머리(頁) 앞면에 터럭을 표시 – 수염(수)

臭 : 코(自)의 의미와 개(犬)의 의미 결합 〈개의 코〉 – 냄새(취)

人은 사람의 형상을 그린 '大'가 동양의 '天地人(천지인)' 사상으로 인해 '크다'는 의미로 전환이 되었지만, 본래의 의미로 인해 발생된 한자가 많다는 것을 알 수 있다.

人 : '大'자가 사람의 좌우 대칭을 모두 표현했었기에 대칭을 생략하고 사람을 옆에서 본 형태의 모양으로 만듬 – 사람(인)

立 : 사람(大)이 땅 위에 서있는 모양 – 서다(립)

竝 : 사람(大)이 땅 위에 나란하게 서 있는 모양 – 나란하다(병)

이처럼 한자의 발생은 확고한 정설이라고 주장할 수는 없다. 한자라는 것이 너무나도 오랜 세월 동안 변천되어 왔기 때문에 어느 정도는 유추할 수밖에 없다. 그러나 학술적 타당성과 다양한 근거를 통한 문자학의 연구는 지금까지도 왕성한 연구가 이루어지고 있다.

위에서 언급한 '상형(象形)'의 원리와 같이 한자의 발생 변천 과정을 잘 알 수 있는 것이 바로 육서(六書)의 개념이다. 하지만 일부에서는 육서(六書; 상형, 지사, 회의, 형성, 전주, 가차)의 개념을 단순하게 한자 이해의 또 다른 장애요인으로 전락시키는 오류를 범하고 있는 실정이다.

3. 고립어와 한자

한자는 단음절 한자이다. 고대에 중국인들은 한자를 이용해 대상을 표현할 수밖에 없었던 것이다. 중국인들이 자신의 의지를 뜻글자인 한자에 담아 표현하면서 고립어가 되었다. 단어와 문법 관계를 나타내는 형태소와의 관계가 고립적으로 나타난 것이다. 문법 관계를 표시하는 형태소가 없을 뿐만 아니라, 단어 자체에도 문법적 변화요소가 없다. 단어에 문법적 형태소가 필요 없이 자립하여 독립했다. 즉 인도유럽어와 달리 문법적 기능을 단어에 표시하지 않았다. 당연히 논리적으로 생각할 수 없어 정확한 의사를 표현하기 어려웠을 것이다. 이러한 비논리적인 사고방식 때문에 문장을 만드는데 필요한 전치사, 접속사, 관계대명사 등의 허사가 발달하지 못한 것이다. 실사인 명사, 형용사에 단수, 복수, 남성, 여성의 구별이나 동사의 시제에 관한 규칙도 없다. 격의 표시도 없어 단어의 어순이 주격, 소유격, 목적격 등을 대신하고 있지만 이것도 정확한 규칙이 없다. 따라서 문장에 필요한 성분의 결합, 연결, 내부 관계는 자립형이 놓이는 위치, 즉 어순에 의해서만 통사관계를 나타낼 수 있다. 단어 자체에 변화 없이 단어가 놓이는 어순으로 문법관계를 나타낸다. 그러나 어떤 학자가 중국어는 단어의 어순이 문장의 의미를 결정하는 것이 아니라, 문장을 구성하는 하나하나의 음절이 표시하는 개념의 관계가 의미를 결정한다고 주장한다. 이러한 주장은 중국어가 인구어에 비해 완전한 문법체계를 갖추지 못한 불완전한 언어라고 생각하게 만들었다. 중국어가 불완전하고 비논리적인 언어라는 주장이 맞을 수는 있다. 품사와 문장성분을 보면 서양언어는 일대일 대응관계를 이루지만, 중국어는 겸사가 많아 일대일 대응관계를 이루지 못한다. 품사는 어휘의 위치에 따라 성격이 결정된다. 《좌전(左傳)》에 "豕人立而啼."라는 문장은 돼지가 사람처럼 서서 울었다는 표현이다. 명사 人은 부사를 겸하고 있다. 또한 갑골문을 보면 문장의 어순도 고정적이지 않아 불안정한 문장이 적지 않다. 이러한 특징 때문에 중국어는 품사의 성질을 문장 속에서 판단해야 한다. 어휘 하나가 하나의 글자이고, 글자 하나가 하나의 의미를 표현하므로 문장의 앞뒤 관계를 잘 분석해야 한다. 이러한 고립어는 어휘의 형태가 문법적 기능을 표시하는 인도유럽어의 굴절어와는 다르다. 또 고립어(孤立語)와 굴절어(屈折語)의 중간적 성격을 지닌 것으로 어근(語根)에 접사(接辭)가 결합되어 문장 내에서의 각 단어의 기능을 나타내거나, 굴절어의 경우와는 달리 어간에서의 어형교체가 전혀 일어나지 않는 교착어(첨가어)와도 다르다.

고대중국어는 문장에서 필요한 최소한의 전치사와 접속사 등이 문법기능을 한다. 문장에서 허사의 용법은 제한되어 있기 때문에 한문을 논리적으로 해석할 수 있다.

4. 한자의 구조

한자의 구조로 설명되는 육서(六書)는 한자의 생성부터 발전과정에 이르기까지 개념을 이해할 수 있고, 한자의 체계적인 특징을 이해할 수 있는 가장 기본적인 분석 방법이다.

육서의 명칭은 《주례(周禮)》〈지관보씨(地官保氏)〉 편에서 처음 보이는데, 한대(漢代)의 허신(許愼)이 육서의 원리를 체계적으로 명확하게 설명한 것이 현대까지 전형으로 전해지고 있다.

한대(漢代) 허신은 《설문해자(說文解字)》에서 문자(文字)의 종류를 '文'과 '字'로 구분하여 설명했다. 여기에서 '文'은 물체의 무늬, 곧 사물의 형상을 본떠 만든 글자이고, '字'는 '집'의 의미와 '아이'의 의미가 결합된 '집에서 아이를 낳다'는 뜻으로 설명하면서 아이(子) 부분에 소리(발음)부호의 의미까지 포함한 것으로 보았다. 곧 '字'는 두 개 이상의 글자가 합쳐진 것을 의미한 것이다.

이것은 후대에 더욱 체계화되어 한자의 구조를 설명할 때, 더 이상 분리되지 않는 단독의 형태를 지닌 독체자(獨體字)를 '文'으로 규정하고, 둘 이상의 글자가 합쳐져 이루어진 형태의 합체자(合體字)를 '字'로 분리하게 된다.

육서(六書)의 개념

육서의 6개 원리 가운데 사물의 모양을 그대로 본떠 만들어진 '상형(象形)'과 상징적 부호로 약속을 해서 만들어진 '지사(指事)'는 독체자(獨體字)로 '文'에 해당하고, 의미와 의미가 결합되어 새로운 의미를 만들어낸 '회의(會意)'와 소리부호, 의미부호를 합하여 만들어진 '형성(形聲)'은 합체자(合體字)로 '字'에 해당한다. 이와 같이 육서(六書)의 원리 가운데 조자(造字) 원리에는 독체자(獨體字)인 상형(象形)과 지사(指事)가 초기 생성 한자이고, 합체자(合體字)인 회의(會意), 형성(形聲)에서 한자의 발전과정을 알 수 있다.

또 하나의 육서(六書)의 원리로 문자(文字)로서의 확고한 완성을 이루게 된 한자의 활용과 확장성 부분인 운용(運用)의 원리를 이용한 전주(轉注)와 가차(假借)가 있다. 전주(轉注)는 글자 상호간의 의미를 연결, 해석해 주는 활용 원리이고, 가차(假借)는 새로운 개념의 글자를 새로 만들지 않고 유사하거나 연결성이 있는 기존의 글자를 차용해 쓰는 활용 방법이다. 결국 전주와 가차는 운용(運用)의 원리로 인해 한자가 문자(文字)로서의 기반이 공고하게 되었고, 동양세계의 중심 문자로 그 지위를 확고하게 지킬 수 있게 된 것이다.

육서의 분류

– 象形(상형)

상형은 "모양(形)을 본뜨다(象: 코끼리 발자국에서 파생되어 '본뜨다'는 의미 생성)"는 뜻 그대로 사물(事物)의 객관적인 윤곽이나 특징을 그대로 본떠 그려서 만든 글자들을 의미한다. 해 모양(日), 달 모양(月), 나무 모양(木), 사람 모양(人) 등이다.

이집트의 상형문자가 유명하듯이 인류가 의사소통 수단으로 문자(文字)를 만들기 시작한 이래로 상형(象形)의 개념은 아주 쉽게 문자의 역할을 담당하게 되었다. 그러나 인류의 문명(文明)이 발전하게 되자 상형은 한계에 달하고 다른 개념의 문자를 생성하게 된다.

– 指事(지사)

指事는 뜻풀이로 "일(事)을 가리키다(指)"라고 하듯이 상형(象形)의 한계를 극복하는 방법으로 무형(無形)의 추상적인 개념을 상징적인 부호(符號)로 표시하여 일종의 약속으로 사용한 글자들을 의미한다. 기준선 위라는 표시(上), 아래라는 표시(下), 나무의 밑 부분 표시(本), 나무의 끝부분 표시(末) 등이다.

지사(指事)의 종류로 '上, 下'처럼 본래의 상징적인 의미 그대로 부호화한 것이 있고, '本, 末'처럼 상형자에 기초를 두고 의미를 표시한 것이 있다. 하지만 지사(指事)의 개념 역시 한계가 있다. 지나친 상징적 부호의 난발은 이해, 숙지의 어려움이 생기게 되는 것이다.

– 會意(회의)

회의는 "뜻(意)을 모은다(會)"는 의미로 두 개 이상의 상형자(象形字)나 지사자(指事字)를 합하여, 그 의미와 의미를 결합해 새로운 의미를 만들어내는 방식의 글자를 의미한다. 나무들이 모여 이룬 숲(林), 사람의 말에 중요함은 믿음(信), 하늘의 해와 달은 밝다(明), 사람이 나무 밑에서 쉬다(休) 등이다.

회의의 개념은 한자 생성의 새로운 개념을 제시하면서 진일보된 한자 발전의 출발점이 되었다. 그러나 역시 다소 어렵게 만들어지기 시작하면서 발전의 한계가 있다. 곧 의미와 의미가 결합해 새로운 의미를 만들어야 하고, 또한 새로운 소리(발음)까지 넣어야 하는 어려움이 있었던 것이다.

– 形聲(형성)

형성은 "모양(形: 의미 부분)과 소리(聲: 발음 부분)"의 의미로 명확하게 의미 부분과 소리 부분을 구분해서 결합하는 방식의 글자를 의미한다. 맑은 물의 의미에 소리 청(淸), '옥 구슬'의 의미에 소리 민(珉) 등이다.

형성의 개념은 한자의 생성 및 발전에 획기적인 전환점이 되었고, 엄청난 발전의 모습으로 한자의 대부분 80-90%을 차지하게 되었다. 곧 한자를 만드는 원리 가운데 가장 쉬운 방법이면서 체계적인 정리가 가능하기 때문에 가능했던 것이다. 바로 형성의 의미부분이 한자 이해의 핵심인 부수자(部首字)이다.

– 轉注(전주)

전주는 "굴러서 바뀌거나(轉) 변화되어 달라지다(注)"는 의미로 본래의 의미에서 변화되어 달라지는 개념의 의미를 지니게 되는 것이다. 곧 서로의 의미를 설명, 해석해 주는 방법이다. '늙다'는 의미로 서로 통용되는 '老'와 '考(후에 과거부터 떠져 생각한다는 '상고하다'의 의미로 변화)', 음악(악)을 하면 즐겁고(락) 좋아한다(요)는 의미 변화의 '樂' 〈발음의 변화는 관계없음〉 등이다.

전주의 개념은 새로운 글자를 만드는 원리가 아니라, 기존의 글자를 의미 변화로 활용하는 원리이다. 곧 더 이상의 한자를 만들지 않더라도 새로운 개념을 담을 수도 있는 것이다. 예를 들면 자전(字典) 속의 대부분 漢字가 뜻이 몇 가지씩 나열되어 있는 것은 轉注의 개념이 많이 가미된 것으로 이해하면 된다.

– 假借(가차)

가차는 뜻 그대로 "빌려 쓰다(假, 借)"는 의미로 기본적으로 발음이 같은 개념을 빌려쓰거나 글자 모양을 빌리는 등 외국어의 표기에 사용하고 부사어적 표현(의성어, 의태어)에도 가차의 개념을 사용한다. '그을리다'는 의미의 발음과 연사(連詞)의 의미 발음을 통용하는 '然', 달러 화폐 모양 그대로 사용하는 '弗', 아시아의 음역 '亞世亞', 의젓하고 버젓한 모양의 의미 '堂堂' 등이다.

가차의 개념 역시 전주(轉注)의 개념 이상으로 한자의 활용 면에서 가장 커다란 역할을 담당하고 있다. 곧 漢字가 뜻글자(表意文字)라는 인해 발생하는 한계를 확실하게 해결해 준 개념이다. 다시 말해 외국과의 문자적 소통이 가능하게 된 것으로 현재 우리의 생활 속에서 사용되는 많은 외래어 표기 가운데 이 가차의 개념을 사용한 용어들이 아주 많이 있다.

漢文의 이해

漢文의 이해

1. 문장 성분

문장은 주어, 서술어 같은 문장 성분(成分)으로 이루어진다. 문장성분이란 문장 속에서 낱말과 구가 일정한 어법관계에 의해 구성된 것이다. 문장에서 위치와 의미 관계에 따라 일반적으로 주어, 술어, 목적어, 보어, 관형어, 부사어 여섯 가지 성분으로 나눌 수 있다. 문장 성분 중에서도 주어, 서술어, 목적어, 보어 같은 주된 것을 주요성분이라고 하고, 관형어, 부사어 같은 다른 것을 수식해 부수적으로 쓰이는 것을 부가성분이라고 한다.

(1) 주어 : 어떤 문장에서 설명하는 말(서술어)이 나타내는 동작(동사), 상태(형용사)의 주체가 되는 말. (명사. 대명사. 고유명사. 수사 등) 주로 ~은. 는. 이. 가 등으로 풀이.

父母 出入. 부모님께서 출입하시다.
忠孝 爲 本. 충효가 근본이다.

(2) 서술어 : 주어의 동작, 상태, 상황 따위를 설명하는 말. (형용사. 동사) 주로 ~하다. ~한다 등으로 풀이.

我 生 내가 태어나다.

日 出 해가 떠오르다. (나오다)

(3) 목적어 : 서술어가 타동사일 때 그 움직임의 객체. (대상) 주로 ~을. ~를로 풀이.

呼 我 나를 부르다.
責 人 (다른)사람을 꾸짖다.

(4) 보어 : 서술어가 완전하지 않을 때 그것을 보충해 줌.

安心似海 마음은 바다와 같다.
君爲臣綱 임금은 신하의 벼리가 된다.

(5) 수식어 : 주로 체언(體言 : 문장의 주체가 되는 말)이나, 용언(用言 : 문장의 주체를 서술 하는 말)을 꾸며 주는 말.

① 체언을 수식하는 말(관형어)

「어떤 무엇」「어떠한 무엇」「무엇의 무엇」「무엇인 무엇」으로 풀이되며「수식어 + 명사」의 형식이다.

仁義禮智, 人性之本. 인의예지는 인성의 근본이다.
孝行, 萬德之源. 효행은 모든 덕의 근원이다.

② 용언을 수식하는 말(부사어)

「어떠하게 ~ 하다」로 풀이되며, 부사적 수식어는 동사 및 모든 술어가 되는 단어 앞에 놓인다. 이 부사적 수식어는 원래 주로 부사로 사용하는 단어 이외에 동사, 형용사, 명사도 사용된다. 명사가 부사어가 되는 경우는 특징이 있다. 예를 들면 「氷解」는 「얼음이 녹다」이지만, 「얼음처럼 녹다」라는 의미로 풀이되는 경우가 있다.

知過必改. 허물을 안다면 반드시 고쳐라.
然諾重應. 승낙을 할 때엔 신중히 응답하여라.

2. 한자어(漢字語)의 구조

우리말 단어의 80% 가까이가 한자어(漢字語)로 이루어져 있다. 이 장점을 활용해 우리말 단어의 한자어를 한문(漢文)으로 인식해 보는 과정 속에서 한문의 독해 요령을 습득할 수 있다. 한자어를 우리말로 풀이한 것이 한문이라 생각해야 한다. 앞서 다룬 우리말과 한문의 어순(語順) 구조가 다르지만, 한자어를 우리말로 독해(讀解)했을 때 한자음의 의미는 변화가 없다.

· 주어 + 서술어

日出(일출) – 해가 뜨다, 人造(인조) – 사람이 만들다, 腹痛(복통) – 배가 아프다

· 서술어 + 목적어

讀書(독서) – 책을 읽다, 修身(수신) – 몸을 닦다, 呼名(호명) – 이름을 부르다

· 서술어 + 보어

有罪(유죄) – 죄가 있다, 如前(여전) – 전과 같다, 上陸(상륙) – 뭍에 오르다

위의 구조는 한문 문장(文章)의 구조와 동일하게 사용되는 문장을 이루는 기본적인 성분(成分)의 구조이다. 곧 '주어', '서술어', '목적어', '보어'의 기본 성분으로 문장의 구조가 이루어지는 모든 문장의 기본이 된다.

· 수식 구조

明月(명월) – 밝은 달, 徐行(서행) – 천천히 가다, 雲集(운집) – 구름처럼 모이다

이것은 기본 성분의 구조가 아닌 수식(修飾)의 구조로 이루어진 단어들이다. 바로 문장을 길게 만드는 역할을 하는 구조들이다.

群衆(군중) – 사람들, 風雨(풍우) – 비바람, 勝負(승부) – 이기고 짐

각각의 한자들을 별도로 독해하는 형태의 구조로 우리말의 유사(類似), 대립(對立) 등의 단어들이 여기에 속한다.

家家(가가) – 집집마다, 從從鳥(종종조) – 종달새,
堂堂(당당) – 의젓하고 버젓한 모양

한자어들의 구조 중 같은 글자를 연이어 표기해서 사용하는 첩어(疊語)의 형태로 이 경우는 모두가 부사어(副詞語)로 사용되는 구조이다.

위의 세 가지 구조는 기본 구조 속에 삽입, 포함되어 문장을 길어지게 만드는 역할을 하는 구조들이다. 결국 한문 문장은 처음의 세 가지 기본 구조들 속에 아래의 세 가지 수식구조들이 삽입되어 확장된 문장을 만드는 역할을 한다. 그렇다면 한문 문장도 처음 한문의 독해를 이해할 때 기본적인 6가지의 구조를 응용하면 다양한 문장이라도 쉽게 이해할 수 있다.

여기에 한 가지 추가할 것은 앞서 잠시 다룬 문장 이해의 필수 요소인 "허자(虛字)" 들이다. 접속(接續)의 개념인 "而(이)", "則(즉)" 등과 어조사(語助辭)의 개념인 "於(어)", "之(지)" 등 몇 가지만 정리하면 한문 독해는 새로운 한자들을 접하면서 쉽게 실력을 쌓아갈 수 있을 것이다.

3. 한문의 구조

1) 단문

(1) 기본구조

1) 주어+술어(S+V)

문장구성의 가장 기본이 되는 것은 주어 + 술어의 형태이다. 주술구조는 주어와 술어로 결합된 구조의 형태를 말한다. 주술구조에서 술어는 원칙적으로 주어 뒤에 위치한다. 주어가 되는 부분을 주어성분이라 하고 종속의 부분을 술어성분이라 한다. 주술 구조에서 주어가 될 수 있는 단어는 체언(명사, 대명사, 수사)이고, 서술어가 될 수 있는 것은 용언(동사, 형용사)과 체언이다.

① 주어 + 술어(명사) : '~이 ~이다.'

孔子, 聖人也 : 공자는 성인이다.
鄭夢周, 忠臣也 : 정몽주는 충신이다.
色卽是空, 空卽是色. 색이 즉 공이고, 공이 즉 색이다.

명사(체언)가 서술어인 경우 주어와 서술어 사이에 아무것도 없이 명사 자체만으로 서술어로 쓰일 때는 어조사 也가 잘 쓰인다. 또 주어와 서술어 사이에 是자가 쓰이는 경우가 있다. 주어와 서술어 사이에 쓰일 수 있는 한자는 是, 乃, 則, 卽 등이다. 주어나 서술어를 바꾸어도 의미가 같은 동격(同格) 구조가 될 때에는 則, 卽, 卽是, 乃가 是나 명사 자체만으로 쓰인 것보다는 동격의 의미를 더 강하게 갖는다.

② 주어 + 술어(동사) : '~이 ~하다'

鳥飛. 새가 날다.	月落. 달이 지다.
花開. 꽃이 피다.	開花. 꽃이 피다
春來. 봄이 오다	鷄鳴. 닭이 울다
梧葉落. 오동잎이 지다	

開花와 같이 도치되어 서술어 + 주어 형태로 보이는 것이 있다. 이런 경우에 서술어로 쓰이는 단어는 주로 출현, 생성, 소멸 등에 의미를 갖는 出, 發, 現, 開, 落, 降, 立 등이 있다. 주어로 쓰이는 한자는 대개 자연물, 식물, 기후 현상인 경우가 많다.

③ 주어 + 술어(형용사) : '~이 어떠하다.'

水淸. 물이 맑다.	月明. 달이 밝다.
草木甚美. 초목이 매우 아름답다.	山靑. 산이 푸르다.

2) 주어 + 술어 + 보어(S + V + C)

'~을 어떻게 하다', '~이 어찌하다', '~이라고 하다', '~이 ~ 이 되다'로 풀이한다. 문장으로 술어(동사, 형용사) + 보어(명사)의 구조이다. 주어와 술어만으로는 뜻이 완전하지 않은 수가 있다. 그리하여 뜻을 더 명확히 해주는 목적어와 보어의 성분이 필요하게 된다. 특히 보어는 술어를 보충하는 기능을 한다.

한문에선 서술어가 앞에 위치하고 보어가 뒤에 오는 '서술어 + 보어' 형태이지만, 우리말은 이와 반대로 보어 + 서술어 형태이다.

* 보어의 명사 : 보어는 일반적으로 명사. 형용사 등이 쓰인다. 또 '전치사 + 명사'의 형태로 주로 쓰인다.

① 名詞로 된 경우

我是學生. 나는 학생이다.

汝非青年. 너는 청년이 아니다

② 形容詞로 된 경우 '(~이 어찌하다(되다). ~이(가))'로 해석된다. 국어에서 '되다, 아니다'만이 보어를 취하는 것으로 본다. 이것을 한문에도 그대로 적용할 수 있다면, 한문에서도 爲, 作, 非 등은 보어를 취할 수 있다.

芽爲花, 花爲實. 싹이 꽃이 되고, 꽃이 열매가 된다.

無虎洞中狸作虎. 호랑이가 없는 굴에 너구리가 호랑이가 된다.

王以爲然. 왕은 그렇게 여기다.

學難成. 학문은 이루기가 어렵다.

爲本. 근본이 되다.

雲爲雨. 구름이 비가 되다.

乞人爲王. 거지가 왕이 되었다. (乞 : 빌 걸)

高岸爲谷. 높은 언덕이 계곡이 되다. (岸 : 언덕 안)

③ 전치사 + 명사로 된 경우(~이 어찌하다. ~에(보다))

술어는 동사이고, 보어로는 전치사구(전치사 + 명사)가 쓰인 경우다. 한문의 전치사구는 영어의 전치사구나 국어의 명사 + 조사 형태와 비슷한데, 전치사구나 명사 + 조사 결합은 영어나 국어에서 보어로 간주하지 않는다. 보어로 쓰이는 전치사구를 이끄는 전치사는 대개 於(于, 乎) 등이 있다. 주로 동작의 대상이 되는 장소, 공간, 방향 등을 의미하는 전치사구가 보어가 쓰인다.

月出於東山之上. 달이 동쪽 산의 위로 뜬다.

日出於東海. 해가 동쪽에서 떠오르다.

靑出於藍. 청색은 남색에서 나왔다.

日沒于西山. 해가 서산으로 지다. (沒 : 빠질 몰)

良藥苦於口. 좋은 약이 입에 쓰다.

苛政猛於虎. 가혹한 정치는 호랑이 보다 사납다. (苛 : 가혹할 가, 猛 : 사나울 맹)

百聞不如一見. 백번 듣는 것이 한번 보는 것만 못하다.

遠親不如近隣. 멀리 사는 친척은 가까이 사는 이웃보다 못하다.

(遠 : 멀 원, 隣 : 이웃 린)

3) 주어 + 술어 + 목적어(S + V + O)

한문에서도 술어 위치에 타동사를 사용할 경우에는 목적어를 필요로 한다. ('~이 ~하다 ~을') 술목 구조에서 술어가 될 수 있는 품사는 동사이고, 목적어가 될 수 있는 것은 체언이다.

我讀書. 나는 책을 읽는다.

王好戰. 왕이 전쟁을 좋아하다.

讀論語. 논어를 읽다.

滅私奉公. 사사로움을 없애고 公을 받들다. 술목구조 [滅私]와 [奉公]의 병렬구조

· (주어) + 서술어 + 간접목적어 + 직접목적어

敎民耕種. 백성들에게 논밭을 갈아 씨뿌리는 것을 가르치다.

兄授黃金於弟也. 형이 황금을 동생에게 주었다.

4) 주어 + 술어 + 목적어 + 보어(S + V + O + C)

술어는 言, 謂, 云, 爲, 曰 등 타동사가 위치하여 '여기다, 말하다, 하다'로 풀이 한다. 보어는 체언이나 형용사가 많이 쓰인다. '~이 ~하다 ~이(을) ~하게, ~라고(에게)'라고 해석한다.

父母稱我幼兒. 부모는 나를 어린애라고 부른다. (稱 : 부를 칭, 幼 : 어릴 유)

世人謂我道人. 세상사람들이 나를 道人이라고 말한다. (謂 : 이를 위)

我云此知己. 나는 이것은 知己라 한다. (云 : 이를 운)

孔子問禮於老子. 공자가 노자에게 禮를 물었다.

先生與一書於我. 선생이 나한테 책 한 권을 주셨다.

先生講漢文於學生. 선생이 학생에게 한문을 강의한다. (講 : 강론할 강)

(2) 확장구조

1) 주술확장구조 : 관형어 + 주어 ‖ 부사어 + 술어

大器晩成. 큰 인재는 늦게 이루어진다.
天地者萬物之逆旅. 천지라는 것은 만물의 여관이다.

2) 술보확장구조 : 관형어 + 주어 ‖ 부사어 + 술어/관형어 + 보어

父母之恩如大海. 부모의 은혜가 큰 바다와 같다.
遠親不如近隣. 먼 친척은 가까운 이웃만 못하다.

3) 술목확장구조 : 관형어 + 주어 ‖ 부사어 + 술어 | 관형어 + 목적어

達人觀物外之物. 통달한 사람은 사물 밖의 사물을 본다.
忠臣不事二君. 충신은 두 임금을 섬기지 않는다.

4) 술목보확장구조 : 관형어 + 주어 ‖ 부사어 + 술어 | 관형어 + 목적어 / 관형어 + 보어

唐太宗遣善德女王五言詩. 당 태종은 선덕여왕에게 오언시를 보냈다.
高句麗乙支文德與詩於隋將于仲文.
고구려 을지문덕이 수나라 장수 우중문에게 시를 주다.
臣苟全生命於亂世. 신은 어지러운 세상에서 생명을 구차하게 보전했습니다.

5) 복문 : 문장에서 주어와 서술어의 구조가 두 번 이상 중복되어 하나의 문장을 구성한다. 병렬복문, 주종복문, 포유복문, 혼합복문으로 나눌 수 있다.

(1) 병렬복문 : 둘 이상의 문장이 서로 대등하게 결합한 문장

① 접속사에 의한 결합

是己而非人. 자기를 옳다하고 남을 그르다고 한다.

樹欲靜而風不止. 나무는 고요하고자 하나 바람은 멈추지 않는다.

子欲養而親不待. 자식은 봉양하고자 하나 어버이는 기다려 주지 않는다.

忠臣不事二君而烈女不更二夫.
충성스런 신하는 두 임금을 섬기지 않고, 절개 있는 여자는 지아비를 두 번 바꾸지 않는다.

② 의미상 결합(접속사 생략)

忠臣不事二君, 烈女不更二夫.
충성스런 신하는 두 임금을 섬기지 않고, 절개있는 여자는 지아비를 두 번 바꾸지 않는다.

道人汲井歸茅舍. 도인이 물을 길어 초가집으로 들어간다. (汲 : 기를 급)

盡人事後待天命. 사람의 일을 다하고 하늘의 명을 기다린다.

(2) 주종복문 : 둘 이상의 문장이 주절과 종속절의 관계로 결합한 문장(주종복합문은 모두가 가정문이다)

① 접속사에 의한 결합

欲速則不達. 빨리 하고자 하면 도달하지 못한다.

國亂則思賢臣. 나라가 어지러우면 어진 신하를 생각한다.

水至淸則無魚. 물이 너무 맑으면 물고기가 없다.

見小利則大事不成. 작은 이익을 보면 큰 일은 이루어지지 않는다.

國無遊民則生者衆矣. 나라에 노는 사람이 없으면, 생산되는 것이 많다.

② 의미상 결합

朝聞道夕死可矣. 아침에 도를 들으면 저녁에 죽어도 좋다.

知彼知己, 百戰不殆. 상대를 알고 나를 알면 백번 싸워도 위태롭지 않다.

苟日新, 日日新又日新.

진실로 날로 새롭게 하려면 나날이 새롭고, 또 날로 새롭게 하라.

(3) 포유복문(包有複文) : 하나의 단문이 전체 문장의 성분절 역할을 하는 문장. 즉 성분절(주어절, 서술절, 목적절, 보어절 등)을 내포하고 있는 문장.

① 주어절 : 天下之無道也久矣. 천하에 도가 없어진 것이 오래 되었다.

② 서술절 : 富與貴是人之所欲也. 부와 귀, 이는 사람이 바라는 것이다.

③ 목적절 : 不患人之不己知.
다른 사람이 나를 알아주지 않음을 근심하지 말라.

④ 보어절 : 人性之善猶水之就下也.
인성이 선함은 물이 아래로 내려가는 것과 같다.

(4) 혼합복문(混合複文) : 병렬, 주종, 포유의 문장이 혼합되어 있는 문장

溫故而知新, 可以爲師矣. 옛 것을 익혀 새것을 알면 스승이 될 만하다.

其聞道也固先乎吾, 吾從而師之.

그가 도를 들음이 나보다 앞서면, 나는 그를 좇아서 그를 스승으로 삼는다.

衆人皆醉而我獨醒, 是以見放.

여러 사람이 다 취했거늘 나만 홀로 깨어 이로서 쫓겨남을 당하였다.

4. 한문의 문형

1) 평서형 : 어떤 사실을 단정, 지정하는 문장 형식으로 긍정을 나타낸다.

(1) 종결사가 있는 경우

孝德之本也. 효도는 덕의 근본이다.

致中和天地位焉萬物育焉.

中和를 이루면 천지가 여기에서 자리하고 만물이 여기에서 자라난다.

博學而篤志, 切問而近思, 仁在其中矣.

넓게 배워 생각을 두텁게 하고 간절히 물어 생각을 가깝게 하면 인이 그 가운데 있다.

(2) 종결사가 없는 경우

有陰德者, 天報以福. 음덕이 있는 자는 하늘이 복으로써 보답한다.

鏡之明也, 姸者喜之, 醜者忌之.

거울의 밝음을 고운 사람은 기뻐하고 추한 사람은 싫어한다.

2) 부정형 : 無, 不, 弗, 未, 非, 匪, 莫 등의 부정사를 사용하여 어떤 동작, 狀態, 사물을 부정하는 문장이다.

(1) 단순부정

① 未 : 어떤 사실이나 과정의 강한 부정을 나타낸다. (아직 ~하지 않았다. 지금까지 ~하지 않았다.)

人未還. 사람이 아직 돌아오지 않았다.

未果約束. 아직 약속을 이행하지 않았다. 果(해낼 과 : 수행함)

未有封侯之賞. 지금까지 제후에 봉해지는 상을 받지 못했다.

見牛未見羊也. 소는 보았으나, 양을 보지 못했다.

聞所未聞, 見所未見.
아직까지 듣지도 못한 것을 듣고, 아직까지 보지도 못한 것을 보았다.

吾起兵至今, 未嘗敗北.
내가 전쟁을 처음 시작해서 지금까지 아직 한 번도 패배하지 않았다.

※ 未가 文尾에 오는 경우 :

寒梅著花未. 한매는 꽃이 피었는가, 안 피었는가?

② 不 · 弗 : 사물의 동작이나 상태를 부정한다. ~않는다. (단순부정)

春眠不覺曉. 봄잠에 날이 밝음을 못 느낀다.

積功之塔不墮. 공을 들여쌓은 탑은 무너지지 않는다.

好讀書, 不求甚解. 독서를 즐기지만, 심히 해답을 구하려고는 하지 않는다.

人不學, 不知道. 사람이 배우지 않으면 도를 알지 못한다.

歲月不待人. 세월은 사람을 기다리지 않는다.

弗食不知其旨也. 먹어보지 않으면 그 맛을 알지 못한다.

其人弗言也. 그 사람은 말하지 않는다.

天不生無祿之人. 하늘은 녹이 없는 사람을 낳지 않는다.

※ 不者, 不則, 或 등이 독립하여 문두에 오는 경우 : 만약 그렇지 않으면

或師焉, 或不焉. 어떤 사람은 스승이고, 어떤 사람은 스승이 아니다.

不者將有火患. 그렇지 않으면 곧 재난이 있을 것이다.

③ 非, 匪 : ~은 아니다. (단순부정) 非는 주로 사실을 의미하는 명사를 부정한다.

非君子. 군자가 아니다.

富貴非吾願. 부귀는 내가 바라는 것이 아니다.

天下非小弱也. 천하가 작고 약한 것이 아니다.

我非生而知之者. 나는 태어나면서부터 아는 사람이 아니다.

我心匪石, 不可轉也. 내 마음은 돌이 아니니 굴릴 수 없다.

我心匪席, 不可卷也. 내 마음은 자리가 아니니 말 수 없다.

④ 無 · 莫 · 亡 · 毋 : ~이 없다. (無 : 존재, 소유의 부정)

有備無患. 준비가 되어 있으면 걱정할 것이 없다.

蛇固無足. 뱀은 본래 다리가 없다.

我無車馬. 나는 거마가 없다.

無是非之心, 非人. 옳고 그름을 판단하는 마음이 없으면 인간이 아니다.

仁者無敵. 어진 사람은 적이 없다.

馬無故亡而入胡. 말이 이유도 없이 도망하여 오랑캐의 땅으로 들어갔다.

莫能仰視. 얼굴을 들어 항왕을 바라볼 수 있는 자가 없다.

⑤ 不能(~할 능력이 없다) · 不可(~할 수 없다. 해서는 안된다) 不得(~할 기회가 없어 할 수 없다)不足(~할 가치가 없다)

非不能, 不爲也. 능력이 없는 것이 아니라, 하지 않는 것이다.

匹夫不可奪志也. 인간은 이미 결정한 뜻을 바꾸거나 빼앗아서는 안된다.

學不可以已. 배움은 중도에 포기해서는 안된다.

(2) 이중부정 : 非不(…하지 않는 것은 아니다), 無不, 莫不, 無非, 莫非(~이 아닌 것은 없다), 不可不, 不得不, 不能不 등은 이중부정을 나타낸다. 이중부정은 부정사를 두 번 사용하여 예외 없이 전체를 표현하는 강한 긍정을 나타낸다.

① 無不, 莫不, 非不, 無非, 莫非

無不知愛其親者. 자기 부모를 사랑하는 것을 모르는 사람이 없다.

物固莫不有長. 모든 사물에 당연히 장점을 가지고 있지 않은 것이 없다.

吾矛之利於物, 無不陷也. 내 창의 날카로움은 사물에 뚫지 못함이 없다.

無非事者. 일 아닌 것이 없다. (모두가 일이다.)

莫非王土. 왕의 영토가 아닌 데가 없다.

土佐無物不有. 토좌에 어떤 물건이든 가지고 있지 않은 것이 없다.

城非不高也, 池非不深也, 兵革非不堅利也, 米粟非不多也.
성곽이 높지 않아서도 아니며, 연못(護城河)이 깊지 않아서도 아니며, 병기와 갑옷이 날카롭지 않아서도 아니며, 식량이 많지 않아서도 아니다.

② 不可不, 不得不(~하지 않으면 안된다), 不能不(~하지 않을 수 없다)

無遠不至. 멀다고 이르지 아니함이 없다.

不爲不多矣. 많지 않다고 할 수 없다.

不可不愼也. 삼가하지 않으면 안 된다.

不得不語. 말하지 않으면 안 된다.

不能不學. 배우지 않을 수 없다.

未嘗不嘆也. 일찍이 탄식하지 않은 적이 없다.

不敢不告. 감히 알리지 않을 수 없다.

染不可不愼也. 물들임은 삼가하지 않을 수 없다.

無貴無賤, 無長無少, 道之所存, 師之所存也.
귀천이나 나이의 많고 적음에 관계없이 도가 존재하는 곳이 스승이 존재하는 곳이다.

(3) 부분부정 : 부정사 뒤에 부사 常, 必 등을 붙여 사실이나 상황을 부분적으로 부정한다.

不必(반드시 ∼하다고 볼 수 없다) · 不常(언제나 ∼하다고는 볼 수 없다)

師不必賢於弟子. 스승이 반드시 제자보다 현명한 것은 아니다.
勇者不必有仁. 용감한 사람이 반드시 어진 것은 아니다.
知者不必有德. 지혜로운 사람이 반드시 덕이 있는 것이 아니다.
家貧不能常得油. 집이 가난하여 기름을 항상 얻을 수 있는 것이 아니었다.
千里馬常有而伯樂不常有. 천리마는 항상 있으나 백락은 항상 있지는 않다.

(4) 완전부정 : 문장의 내용을 모두 부정하는 경우, 부사 + 부정사의 구조를 만든다.

必不(반드시 ∼이 아니다) · 常不(언제나 ∼못한다)

聚斂之君, 必不仁. 거두어 들이는 임금은 반드시 어질지 못하다.
家貧常不得油. 집이 가난하여 항상 기름을 얻지 못했다.
鳳凰必不食死肉. 봉황은 절대로 죽은 고기를 먹지 않는다.

2) 금지형 : 莫, 勿, 無, 毋 등을 동사 앞에 사용하여 금지의 뜻을 나타내는 문장으로 명령의 의미도 있다.

非禮勿視, 非禮勿聽. 예가 아니면 보지 말며, 예가 아니면 듣지 말라.
無道人之短. 남의 단점을 말하지 말라.
勿謂今日不學而有來日. 오늘 배우지 아니하고 내일이 있다고 말하지 말라.
過則勿憚改. 잘못이 있으면 고치는 것을 꺼리지 말라.
無疑人. 다른 사람을 의심하지 말라.
毋友不如己者. 자기만 못한 사람을 벗하지 말라.
己所不欲, 勿施於人. 자기가 하고 싶은 일이 아니면, 남에게 시키지 말라.

無爲牛後. 소의 꼬리가 되지 말라.

將軍毋失時, 時間不容息.
장군께서는 때를 잃지 마십시오, 시간이 휴식을 허락하지 않습니다.

疑人莫用, 用則勿疑. 의심스런 사람은 쓰지 말고, 쓴 사람은 의심하지 말라.

3) 의문형 의문사 何 · 孰 · 誰 · 安 · 惡 · 焉 · 胡 · 奚 · 曷 · 如何(奈何) · 何如, 何以 등과 조사 乎(耶 · 哉 · 與 · 邪 · 歟) 등을 사용하여 "언제, 어느, 얼마나, 무슨, 무엇을, 어디에, 누가, 어느쪽이, 어느것을, 어떻게, 어찌하여 ~가?" 등 의문의 뜻을 나타낸다.

子行三軍則誰與? 선생님께서 삼군을 통솔하신다면, 누구와 함께 하시겠습니까?
禮與食孰重? 예와 먹는 것 중 어느 것이 중요합니까?
客何好? 손님은 무엇을 좋아하오?
子非三閭大夫與? 그대는 삼려대부가 아닌가?
是何意耶? 그것이 무슨 뜻인가?
客亦知夫水與月乎? 손님도 또한 그 물과 달을 아는가?
哀公問, 弟子孰爲好學.
노 애공이 공자에게 묻기를 제자 중에 누가 배우기를 좋아하는가?
虞兮虞兮奈若何. 우여, 우여, 너를 어찌할까?
樊曾曰, 今日之事何如. 번증은 오늘 일이 어땠는가? 하고 물었다.
項王曰, 沛公安在. 항왕이 말하기를 패공은 어디에 있습니까?
貧賤者驕人乎. 가난하고 천한 사람도 남에게 교만합니까?
子好勇乎. 너는 용기를 좋아하느냐?

4) 반어형 : 의문부사 豈, 焉, 惡, 寧, 何, 庸, 胡 등과 呼應되는 의문종결사 乎, 哉, 耶, 也, 與 등을 붙인다. 또는 不亦~乎 · 敢不~乎 · 可~乎(어떻게~하는가?)의

문형을 만든다. 어떠한 사실을 강조하기 위하여 의문형을 빌려 반어의 뜻을 나타낸다.

百姓足, 君孰與不足? 백성들이 풍족하면 임금이 누구와 부족하게 지내겠습니까?
吾何愛一牛? 내가 어찌 한 마리의 소를 아끼겠습니까?
王侯將相, 寧有種乎? 왕후장상이 어찌 종자가 있었겠느냐?
初豈樂爲哉? 어찌 처음부터 즐겨 하겠는가?
安得此辱乎? 어찌 이러한 욕을 당하겠는가?
焉得爲大丈夫乎? 어찌 대장부라고 할 수 있겠는가?
君子去仁, 惡乎成名? 군자가 인을 버리면 어디에서 명성을 얻겠는가?
豈能欺天下後世邪. 어찌 천하가 후세 사람들을 속일 수 있겠는가?
天之亡我, 我何渡爲. 하늘이 나를 죽이려 하니 어찌 양자강을 건너겠는가?
安能用君之言殺臣乎. 어찌 임금의 말을 듣고 나를 죽일 수 있겠는가?
百獸之見我而敢不走乎. 온갖 짐승이 나를 보고 어찌 달아나지 않겠는가?
安可違道求生. 어찌 도를 어겨 삶을 구하겠는가?
田園將蕪胡不歸. 전원이 장차 황폐하려하니 어찌 돌아가지 않으리오?
積功之塔豈毁乎. 공든 탑이 어찌 무너지겠는가?
燕雀安知鴻鵠之志哉. 제비와 참새가 어찌 기러기와 고니의 뜻을 알겠는가?
學而時習之, 不亦說乎. 배우고 때로 그것을 익히면 또한 기쁘지 아니한가?
此非曹孟德之詩乎. 이것이 조조의 시가 아닌가?
以臣弑君, 可謂仁乎. 신하된 자가 나를 죽이려 하니 어찌 어질다 말할 수 있겠는가?

5) 비교형 : 어떠한 사물을 다른 것과 비교하여, 그 상태나 성질의 정도나 우열을 나타내는 문장이다.

(1) 우열 비교 : 不若, 不如, 於(=于, 乎) ~ (~만 못하다. ~하는 편이 낫다, 보다 더~하다)

苛政猛於虎也. 가혹한 정치는 호랑이 보다 더 사납다.

青出於藍, 青於藍. 청은 쪽풀에서 나왔으나, 쪽빛보다 푸르다.

生乎吾前, 其聞道也固先乎吾, 吾從而師之.

나의 앞에 나서, 그가 도를 듣는 것이 진실로 나보다 먼저라면, 나는 그를 좇아 스승으로 삼을 것이다.

百聞不如一見. 백 번 듣는 것이 한 번 보는 것만 못하다.

不若投諸江而忘之. 그것을 강에 던져 잊는 것만 못하다.

遠親不如近隣. 먼 친척은 가까운 이웃만 못하다.

霜葉紅於二月花. 서리맞은 잎사귀는 이월의 꽃보다 붉도다.

(2) 최상급 비교 : 莫如, 莫若, 無如, 無若, 莫～於(=于, 乎)∽ (∽가 제일 좋다. ∽에 미치는 것은 없다)

至樂莫如讀書. 지극한 즐거움은 독서만한 것이 없다.

衣莫若新, 人莫若舊. 옷은 새 것만한 것이 없고, 사람은 옛사람만 함이 없다.

不敬莫大焉. 불경스러움은 그 어느 것도 이것보다 더 큰 것은 없다.

過而能改, 善莫大焉. 잘못을 했어도 고칠 수 있다면, 이보다 더 좋은 것이 없다.

天下莫柔弱于水. 천하에 물보다도 더 유약한 성질의 것은 없다.

(3) 동등비교 : 如, 若, 猶, 似∽

學問如逆水行舟. 학문은 물을 거슬러 올라가는 배와 같다.

人性之善猶水之就下也. 사람의 성품이 선함은 물이 아래로 내려가는 것과 같다.

(4) 선택형비교 : 與其～寧, 與其～不若(=不如), 與其～孰若, 寧～無∽

禮與其奢也寧儉. 예절은 그 사치한 것보다는 차라리 검소한 것이 낫다.

與其有樂於其身孰若無憂於其心.

그 몸에 즐거움이 있는 것보다는 차라리 그 마음에 근심이 없는 것이 낫다.

6) 사역형 : 어느 한 사물이 다른 사물에게 동작을 시키는 뜻을 나타낸다. 사역의 뜻을 가진 동사 '使, 令, 敎, 俾, 遣, 命, 請, 勸' 등을 사용하여 '∽으로 하여금 ∽하게 한다'의 문장을 만든다.

使人視之. 사람을 시켜 그것을 살펴보게 하였다.

賢婦令夫貴. 어진 아내는 남편을 귀하게 한다.

天帝使我長百獸. 천제가 나에게 온갖 짐승을 거느리게 하였다.

俾予從欲治. 나로 하여금 다스리고자 하는 대로 따르게 하였다.

遣婢買肉而來. 노비를 보내 고기를 사오게 했다.

命善射者射之. 활을 잘 쏘는 사람에게 명하여 그것을 맞히게 했다.

孫權將呂蒙, 初不學, 權勸蒙讀書.

손권의 장수 여몽은 처음에는 학문을 하지 않았는데, 손권이 여몽에게 권하여 글을 읽게 했다.

使天下兼相愛. 천하로 하여금 다함께 서로 사랑하게 한다.

誰敎其人作此詩乎. 누가 그 사람으로 하여금 이 시를 짓게 하였는가?

命虞美人起舞. 우미인에게 명하여 일어나 춤추게 하다.

范增勸羽殺沛公. 범증이 항우에게 패공을 죽이도록 권하였다.

※ 사역의 의미를 내포한 단어

命, 召, 說, 屬, 詔, 遣, 招, 勸, 戒, 敎

動天地感鬼神. 하늘과 땅을 움직이게 하고 귀신을 감동시킨다.

己欲立而立人己欲達而達人.

자신이 서고자 한 것에 남을 세우고 자신이 달하고자 한 곳에 남을 도달하게 한다.

命善射者射之. 활 잘 쏘는 사람으로 하여금 이를 쏘게 명하다.

卒廷見相如, 畢禮而歸之.

마침내 조정에서 상여를 접견하고, 의례를 마치고 돌아가도록 했다.

7) 피동형 : 다른 사물에 의해서 어떤 동작을 받게 되는 뜻을 나타내는 문장이다. 被動의 뜻을 나타내는 見, 爲, 被, 爲～所～, 見～於(～에게 ～당하다. 당하다.) 등을 사용하여 被動形을 만든다.

言而見用, 終身無難. 충언을 하여 받아들여지면, 종신토록 환난이 없다.

卒爲天下笑. 마침내 천하의 웃음거리가 되었다.

信而見疑, 忠而被謗. 미덥게 해도 의심을 받고 충성을 해도 비방을 받는다.

太祖爲流矢所中. 태조가 흐르는 화살에 맞았다.

先則制人, 後則爲人所制. 앞서면 남을 제압하고, 지면 남에게 제압당한다.

今西面而事之, 見臣於秦.
이제 서면하여 그를 섬기면, 진나라에 신하 대우를 받게 될 것이다.

王妃被殺於日人. 왕비는 일본 사람에게 피살당하였다.

好憎人者亦爲人所憎.
남을 미워함을 좋아하는 자는 또한 남에게 미움을 받는다.

동사 뒤에 행위의 주동자를 나타내는 전치사(於, 于, 乎) 구조를 사용하여 피동형을 만든다.

君子役物 小人役於物. 군자는 사물을 부리고 소인은 사물에 부림을 당한다.

勞力者治於人. 힘을 쓰는 자는 다른 사람에게 다스림을 받는다.

不信乎朋友, 不獲於上矣.
친구에게 믿음을 사지 못하면, 윗사람에게도 신임을 얻지 못할 것이다.

東敗於齊, 長子死焉; 西喪地於秦七百里; 南辱於楚.
동쪽으로는 제나라에 패하여 거기에서 맏아들이 죽었고, 서쪽으로는 진나라에게 땅을 칠백리나 잃었으며, 남쪽으로는 초나라에게 곤욕을 당했다.

또한 문장 자체에서 피동의 의미를 나타낼 수 있다.

風至苕折. 바람이 불어 갈대 줄기가 꺾어졌다.

仁則榮, 不仁則辱. 인하면 영화롭게 되고 인하지 못하면 욕을 당한다.

有功亦誅, 無功亦誅. 공이 있어도 죽임 당하고 공이 없어도 죽임 당한다.

謀反事覺, 上征淮南王. 발난을 꾀하던 일이 발각되자 상은 회남왕을 정벌했다.

8) 가정형 : 어떤 사실이나 상황을 가정하여 예상되는 結果를 서술하는 형태의 문장이다. 가정형에서 앞의 分句에 가정의 뜻을 나타내는, 若, 如, 苟, 雖, 則, 假令, 設令, 使, 若使, 如使, 假使 등의 접속사가 쓰이면, 보통 '만약에 ~한다면, 가령 ~한다면, 비록 ~일지라도'으로 해석된다.

如不可求, 從吾所好. 만약에 구할 수 없다면 내가 좋아하는 바를 따르겠다.

王若隱其無罪而就死地, 則牛羊何擇焉?

왕께서 만약에 그 소가 죄 없이 사지에 가는 것을 측은하게 여기신다면, 소와 양이 무슨 구별이 있겠습니까?

若賢士在位, 能者在職, 則國家閑暇.

만일 어진 선비가 벼슬자리에 있고 능력 있는 사람이 관직에 있으면 나라의 정사가 한가롭다.

國雖大, 好戰必亡. 나라가 비록 크더라도, 전쟁을 좋아하면 반드시 망한다.

家若貧不可因貧而廢學. 집안이 가난하더라도 가난 때문에 학문을 그만두지 말라.

如詩不成, 罰依金谷酒數.

만약 시를 짓지 못하면 금곡원의 술 잔 수에 의해 벌하리라.

國亂則思賢臣, 家貧則思良妻.

나라가 어지러우면 어진 신하가 생각나고 집이 가난하면 훌륭한 아내가 생각난다.

〈의미상 가정문〉

不入虎穴不得虎子. 호랑이 굴에 들어가지 않으면 호랑이 새끼를 얻을 수 없다.

忍一時之憤免百日之憂. 한 때의 분함을 참으면 백일의 근심을 면한다.

9) 억양형 : 문장 한 편의 뜻과 비교하여 상대적으로 다른 문장을 드러내는 것이다. 억양형에는 '況, 何況, 況於, 而況, 況～乎, 且～安' 등의 접속가 뒤의 分句에 쓰인다. 그리고 앞의 分句에는 '尙, 且, 猶' 등의 副詞가 호응하는 경우가 많고, 문미에는 대개 어기사 乎가 쓰인다. (하물며 ～에 있어서랴)(또한 ～한데, 어찌 ～하리오)

布衣之交尙不相斯, 況大國乎?
백성들이 사귈 때도 오히려 서로 속이지 않는데, 하물며 대국에 있어서야?

大罪輕且罰深, 而況有重罪乎?
죄는 가벼운데 또한 벌은 심하니 하물며 중죄가 있어서야?

禽獸知恩, 況於人乎. 짐승도 은혜를 아는데 하물며 사람에랴.

求己之不暇, 況爲人憂乎.
자신을 구제할 겨를도 없는데 하물며 다른 사람을 위해 근심할 수 있겠는가?

且欲與常馬等不可得, 安求其能千里也.
또한 보통 말과 더불어 같고자 해도 할 수 없거늘 어찌 그 천리마를 구하겠는가?

10) 한정형 : 사물이나 행동의 범위나 정도를 한정하는 뜻을 나타내는 문장이다. 한정형에는 '唯, 惟, 但, 獨, 特, 徒, 只, 直' 등 限定의 뜻을 가지는 부사를 사용하는 경우와 '耳, 已, 爾, 而已, 也已, 耳矣, 而已矣' 등이 문장 끝에 쓰여 '～일 뿐이다'로 해석한다.

道之不行, 已知之矣. 나의 학설이 통하지 못함을 이미 알았다.

夫子之道, 忠恕而已. 선생님의 도는 충과 서일 뿐이다.

寡人之於國也, 盡心焉耳矣. 과인은 나라에 대해서 마음을 다할 뿐입니다.

直不百步耳, 是亦走也. 다만 백 보가 아닐 뿐이지 이것도 역시 도망친 것이다.

孟嘗君 特鷄鳴狗盜之雄耳. 맹상군은 다만 계명구도의 영웅일 뿐이다.

子誠齊人也, 知管仲晏子而已矣.
그대는 진실로 제나라 사람일지니, 단지 관중과 안자를 알뿐이다.

無恒産而有恒心者 惟士爲能.
떳떳한 직업이 없어도 떳떳한 마음이 있음은 오직 선비만 할 수 있다.

唯仁者能好人能惡人. 오직 어진 사람만이 사람을 좋아할 수 있고 미워할 수 있다.

我知種樹而已. 나는 나무 심는 것을 알 뿐이다.

11) 감탄형 : 감탄사를 사용하여 讚美, 憎惡, 歡喜, 悲哀 등의 감정을 표현하는 문장이다. 감탄형에는 '嗚呼, 嗟, 嗟呼, 嗟哉, 嗟夫, 於戱, 于嗟, 噫' 등의 감탄사를 쓰거나, 감탄종결사(語氣詞) '哉, 與(=歟), 乎, 夫, 矣, 乎, 兮, 也哉, 也與, 也夫' 등을 써서 감탄을 나타낸다.

嗚呼! 老矣! 是誰之愆? 아아! 늙었구나! 이 누구의 허물인고?

嗟呼! 燕雀安知鴻鵠之志哉? 아아! 연작이 어찌 홍곡의 뜻을 알리오?

嗟夫! 使六國各愛其人, 則足以拒秦.
아아! 만약 육국이 각기 그 백성들을 사랑했다면, 족히 진나라를 막을 수 있었을 것을

噫! 菊之愛, 陶後鮮有聞.
아! 국화를 사랑하는 것은, 도연명 이후에는 거의 들은 적이 없도다.

噫! 微斯人, 吾誰與歸. 슬프다! 이 사람이 아니라면 나는 누구와 함께 돌아갈꼬.

逝者如斯夫, 不舍晝夜. 가는 것이 이와 같음이여! 낮과 밤을 가리지 않는구나.

惜乎! 不遇時. 슬프다! 때를 만나지 못함이여.

5. 문장성분의 생략과 도치

1) 성분의 생략

한문은 의미 전달에 문제가 없는 언어 환경에서 문장 성분을 생략하여 간결하게 표현한다. 현대중국어보다 문장성분을 생략하는 경우가 더 많아 앞뒤 문맥의 흐름을 잘 파악하여 생략된 성분을 찾아야 한다. 같은 말의 중복을 피하거나 전후관계로 보아 생략이 가능할 때 성분을 생략한 문장이 많다. 주어, 술어, 목적어 등 주요 성분을 생략한 것도 있고, 전치사나 전치사의 목적어를 생략한 것도 있다.

(1) 주어의 생략

한문에서 자주 나타나는 것이 주어의 생략이다. 주어가 반드시 있어야 하지만, 앞 문장에 이미 언급되거나 뒷 문장에 보이는 경우 생략한다.

① 대화의 생략

何以附耳相語? 어찌하여 귀에 대고 말하십니까?
將何面目以見國人乎? 장차 무슨 면목으로 국민들을 보겠습니까?

② 앞에서 이미 언급된 경우

子曰, 吾十有五而志于學, 三十而立, 四十而不惑, 五十而知天命, 六十而耳順, 七十而從心所欲, 不踰矩.

공자께서 말씀하시기를 "나는 열 다섯 살에 학문에 뜻을 두었고, 서른 살에 '학문의 기틀이' 확립되었고, 마흔 살에는 미혹되지 아니하였고, 쉰 살에는 天命(천명)을 알았고, 예순 살에는 남의 말을 들으면 그 뜻을 이해하게 되었고, 일흔 살이 되어서는 마음에 하고자 하는 바를 그대로 따라도 법도에 벗어나지 않았다"고 하셨다.

山有小口, 彷佛若有光.

산에 작은 동굴이 있었는데, 작은 동굴에서 마치 빛이 나오는 것 같았다.

③ 뒷 문장에 보이는 경우

夜聞漢軍四面皆楚歌, 項王乃大驚.

항왕은 밤에 한나라 군사가 사방에서 모두 초나라 노래를 부르는 것을 듣고, 항왕은 크게 놀랐다.

(2) 술어의 생략

술어는 의미를 전달하는 주요 내용으로 생략할 수 없다. 그러나 한문에서 간혹 생략되는 경우가 있다.

① 앞에서 이미 일어난 일이나 동작이 중복되는 경우

擇其善者而從之, (擇)其不善者而改之.

좋은 것은 가려서 따르고, 좋지 못한 것은 (가려서) 고친다.

進言者皆曰天下已安已治矣, 臣獨以爲未也.

진언하는 자들이 모두 천하가 이미 안정되어 잘 다스려지고 있다고 말하지만, 신은 아직 그렇지 않다고 생각합니다.

② 뒷 문장에 보이는 경우

扜彌南與渠勒, 東北與龜玆, 西北與姑墨接.

한미는 남으로는 거륵, 동북으로 구자, 서북으로 고묵과 접해 있다.

楊子之鄰人亡羊, 旣率其黨, 又請楊子之豎追之.

양자의 이웃이 양을 잃어버리자 온 식구를 이끌고 찾아 나섰다. 또한 양자의 어린 종에게 양을 쫓아 찾도록 하였다.

(3) 보어 · 목적어의 생략

보어 · 목적어의 생략은 이미 언급된 것이나, 또는 보편적이고 일반적인 서술에서 찾아볼 수 있다.

① 보어의 생략

子游問孝 (於孔子). 자유가 (공자에게) 효도를 물었다.
國家加惡法於民, 民不服(於此).
나라(에서) 백성에게 악법을 내리면, 백성은 (이에) 따르지 아니한다.

② 목적어의 생략

汝學文乎, 我不知 (文)也. 너는 글을 배웠느냐, 나는 (글을) 모른다.
人不知(己), 而不慍. 남이 (나를) 알아주지 않아도 성내지 아니한다.

(4) 전치사의 생략

① 以의 생략

死馬且買五百金, 況生者乎.
죽은 말도 금 오백에 사거늘, 하물며 산 것을 (사지 않겠느냐).

② 於의 생략

秦軍軍武安西. 진나라 군사는 무안의 서쪽에 주둔했다.
齊威王問用兵孫子. 제나라 위왕은 손자에게 전쟁하는 방법을 물었다.

③ 自의 생략

韓信亡楚歸漢. 한신은 초나라로부터 도망가 한나라로 귀의했다.

魏鞅亡魏入秦. 위앙은 위나라로부터 도망가 진나라로 들어갔다.

(5) 전치사 목적어의 생략

① 以의 목적어 생략

衣食所安, 弗敢專也, 必以分人.
편안하게 입고 먹을 음식을 감히 혼자 차지하지 않고, 반드시 그것을 백성들에게 나누어주었다.

② 與와 從의 목적어 생략

拘禮之人, 不足與言事, 制法之人, 不足與論變.
예제에 얽매이는 사람과 큰일을 함께 상의할 수 없고, 법에 얽매이는 사람과는 변법을 논의할 수 없다.

③ 爲의 목적어 생략

爲具牛酒飯食. 그를 위하여 소고기, 술, 밥과 음식을 준비했다.

2) 성분의 도치

(1) 주어와 술어의 도치

巧言令色, 鮮矣仁. (=巧言令色 仁鮮矣.)
꾸며대는 말과 잘 꾸민 얼굴빛은 드물도다, 仁이.

美哉, 山河. (=山河 美哉.) 아름답구나, 산과 물이!

善矣, 汝之行. (=汝之行 善矣) 착하구나, 그대의 행실은.

(2) 목적어와 보어의 도치

① 술어와 목적어의 도치

喜怒哀樂之未發, 謂之中. 희노애락이 생겨나지 않은 때를 中이라 한다.
목 술 보

何謂 刑德? 무엇을 형과 덕이라고 하는가?
목술 보

不患人之不己知. 다른 사람이 자기를 알아주지 않아도 근심하지 않는다.
목술

② 술어와 보어의 도치

其心, 與人 同也. 그 마음은 사람과 같다.
주 보 술

危邦 不入. 위태로운 나라에는 들어가지 않는다.
보 술

寓言 名句의 이해

寓言 名句의 이해

《莊子 · 寓言》 중의 寓言이라는 용어로 서구의 Fable를 번역했는데, 실로 오랫동안 유용하게 사용했다. 현재 우리가 사용하는 문학우언(文學寓言)은 《장자(莊子)》의 우언과 완전히 일치하지는 않지만 우언을 언어형식으로 살펴보면, 산문체우언(散文體寓言)과 시체우언(詩體寓言)으로 구분할 수 있다. 서양에는 전문적인 우언시인과 우언시집이 있다. 그러나 중국고대에는 단지 시인이 가끔 우언시(寓言詩)를 썼지만 우언시인이나 우언시집이 없다. 중국소설은 문체상으로 분류하면 크게 문언소설과 백화소설이 있는데, 송대 이전에는 문언소설만 있었고, 송 이후에 비로소 백화소설이 나타났다. 분언소설에서 선진문언소설은 중국고전소설의 맹아기에 해당한다. 이 시기에는 주로 신화전설(神話傳說)과 우언고사(寓言故事) 및 사전(史傳)이 있었다.

신화전설은 중국소설이 맨 처음 시작되어 나온 곳이다. 많은 신화전설작품들이 산실되었지만, 현재 남아 있는 작품은 대부분은 산해경(山海經), 회남자(淮南子), 초사 천문(楚辭 · 天問) 등에 수록되어 있다. 이들 문헌에 기록된 신화전설은 그 기록이 매우 간단하지만, 그 속에서 얘기 줄거리와 인물성격의 소설적 요소를 엿볼 수 있다. 사전(史傳)은 역사 기록에서 전기 부분과 인물의 특징을 묘사하거나 사건의 구성을 기록한 좌전, 전국책, 사기열전 등이 있다. 중국 서사문학이 상당한 수준으로 발달하였음을 보여주는데, 좌전(左傳), 전국책(戰國策), 사기(史記) 등에 보이는 인물의 성격 묘사와 얘기 줄거리의 서술은 소설에 소재를 제공하고, 소설에 필요한 서사 능력을 축적하게 끔 했다. 특히 일사(逸事)를 기록한 일서(佚書)는 더욱 소설에 영향을 끼쳤는데, 그 중 목천자전(穆天子傳), 연단자(燕丹子)가 대표적인 작품이다.

중국 산문정신이 원래 현실에 바탕을 두고 있는데, 그 현실성을 설득력 있게 강조하기 위해 채용한 것이 우언이다. 그런데 우언은 허구이며, 사실 중심의 중국문학이 이러한 허구적 우언을 통해 후일 통속문학의 발전을 가져올 토대가 마련된 점은 아이러니하기까지 하다. 반면에 우언고사는 원래 민간에서 창작되어 구비전승 과정을 거치다가 나중에 문인들에 의해 채용되어 문학 창작 가운데 한 문체로 발전한 것이다. 우언은 중국 춘추 · 전국시대에 크게 유행하여 선진 시대 제자백가들의 저작 속에는 적지 않은 우화가 삽입되어 전해지고 있다. 맹자(孟子), 장자(莊子), 열자(列子), 한비자(韓非子), 여씨춘추(呂氏春秋) 등 여러 저작 속에 당시에 유행하던 다양한 우언들이 소개되어 있다. 우언고사는 하나의 도리를 설명하기 위하여 하나의 이야기를 허구로 꾸며낸 것이기 때문에 이미 소설적 의미가 있다. 그 중 현실 문제에 대하여 비판한 내용은 중국 현실주의 전통을 형성하였고, 정교한 구성과 풍부한 상상은 인위적으로 허구의 이야기를 만들어 내는 역할을 했다. 일을 서술하고, 사람을 빗대고, 사물을 묘사하고 과장한 표현기교는 소설을 쓰는데 있어서 참고할 만한 경험을 제시하였다.

일반적으로 우언은 보통 의인화되어 인간처럼 행동하는 동물이 전형적인 주인공으로 나타나며, 그들의 특성도 전형화되어, 가령 여우는 교활하게, 늑대는 탐욕스럽게, 사자는 용감하고 위엄 있게 그려진다. 따라서 우언이라고 하면 대체로 '동물우화'와 같은 개념으로 통하기도 한다. 그러나 동물 주인공이 우언에 필수적인 것은 아니며, 우언에는 그 밖에 나무 · 바람 · 냇물 · 돌 등과 같은 자연물이나 심지어는 추상물까지 등장하고, 나아가 신이나 인간들도 나타난다.

중국 우언은 중국 고대 서사문학 형식의 일종이다. 서술 기법이 소설에 가깝고, 그 내용도 풍부하여 후대의 소설 창작에 귀중한 자료를 제공해 주고 있다. 우언은 풍자적이거나 교훈적인 의미를 담고 있는 이야기이다. 이야기 구성이 짧고 간단한 구조를 지닌다. 그 주인공도 사람이나, 동물들의 활동이나 습성을 이용해 등장시켜 교훈과 비유를 구사하여 풍자적인 목적을 달성한다. 또는 비유적 수법을 사용해서 이야기를 전개하는 것과 달리 진실을 비유하거나 작은 사실을 빌어 큰 사실을 비유한다. 예를 들면, 허물을 들추고 장점을 앞세우다가 스스로도 논리를 감당 못한 모순(矛盾) 이야기 등이 있고, 다만 척도를 재는 자만 믿고 자신의 다리는 믿지 않은 정인매리(鄭人買履) 고사 이외에도 수주대토(守株待兎), 각주구검(刻舟求劍), 우공이산(愚公移山), 화사첨족(畵蛇添足) 등도 모두 중국 고대에 만들어진 우수한 우언 작품이다. 이들 이야기들은 선진시대 제자백가들의 손을 거쳐 주로 심오한 철학사상을 설득력 있게 주장하기 위하여 만들어 낸 얘기이다. 이러한 철학적 성격과 사리를 바탕으로 상대를 설복하는 힘을 갖추게 되었다. 우언은 이 수법을 통해 교훈적 의미나 또는 주제가 짧은 이야기 속에서 잘 드러난다. 우언의 목적은 허구적인 이야기를 통해 민중들의 생활, 심리, 행동을 비평하고 교훈을 표현하는 데 있다. 표현상의 특징은 대개 주인공이 실패한 정황을 기술해서 독자의 사고를 계발시키거나, 부정적인 생각을 가진 행동은 결국 실패한다는 줄거리를 통해 교훈을 얻고, 이를 답습하지 않게 만드는 것이라고 할 수 있다.

중국 선진(先秦)의 사서(史書)와 제자서(諸子書)에 담겨 있는 우언고사는 그 특징으로는 오락성(娛樂性), 신괴성(神怪性), 교훈성(敎訓性) 등을 갖추고 있어서, 신화전설과 함께 중국 소설의 원류로서 그 가치에 대한 재인식이 반드시 필요하다. 선진의 우언고사는 한대(漢代)의 소설은 물론이고 위진남북조 지괴, 지인소설에도 직 · 간접적으로 많은 영향을 미쳤다. 우언의 교육적 의의는 크게 두 가지 방향으로 정리될 수 있다. 첫째, 사람들의 경각심을 높여 적대적인 대상의 본질을 파악하여 속임수에 빠지지 않게 하는 것이다. 다음으로 사물에 담긴 규율을 인식하여 사고를 향상시키고 정신적 덕성을 함양시켜 인화와 처세에 도움을 준다는 것이다. 이 같은 특징은 당대 민중들의 건강하고 소박하며 진실된 세계관과 그들의 순수하고 거짓 없는 도덕관념에의 지향을 반영하는 것이라고 할 수 있다.

【晏子春秋】

중국 춘추시대 말기 제(齊) 나라의 유명한 재상이자 관중의 뒤를 잇는 유명한 정치가 晏子(?~BC 500)가 편찬한 책으로 8권 215장이며 주로 안자의 언행과 전설에 관한 내용을 기록하고 있다. 안자의 이름은 영(嬰), 자(字)는 평중(平中)이며 이유(夷維 : 山東 高密) 사람이다. 한지(漢志)에서는 유가류(儒家類)에 넣었으나 사고제요(四庫提要)에서는 전기류(傳記類)에 넣었다. 현행 4부 총간본(叢刊本) 등에서는 내편(內編)은 간(諫) 상하, 문(問) 상하, 잡(雜) 상하의 6편, 외편은 2편으로 되어 있다.

社鼠

【原文】

社, 束木而塗之, 鼠因往託焉. 熏之則恐燒其木, 灌之則恐敗其塗. 此鼠所以不可得殺者, 以社故也. 國亦有'社鼠', 人主左右是也. 《晏子春秋 · 內篇 問上》

【注釋】

⑴ 社(사) : 토지 묘(廟)
⑵ 束木(속목) : 나뭇가지를 엮어 묶는다(~묶어서 나란히 세워 벽을 만든다)
⑶ 託(탁) : 기탁(의탁). 숨는다.
⑷ 熏(훈) : 불태우다
⑸ 燒(소) : 불사르다
⑹ 灌(관) : 물대다
⑺ 敗(패) : 무너뜨리다, 부수다

(8) 塗(도) : 진흙
(9) 故(고) : 연고, 까닭
(10) 人主 : 나라의 군주 人主左右 : 군주 주변에서 신하. 군주 가까이 있는 간신배.

【번역문】

토지신 사당에 나무로 묶어 담을 만들고 외관은 진흙을 발랐는데, 쥐가 그 속에 숨어 살았다. (만약) 불을 지피면 나무가 타서 담이 무너질까 두렵고, 물을 뿌려 (물에) 젖게 되면 진흙을 바른 담이 무너질까 두려워했다. 이런 쥐를 잡아 죽일 수 없는 까닭은 이는 토지신 사당이기 때문이다. 나라에도 또한 이러한 "사서"가 있으니 바로 군주 옆에 있는 간신배들이다.

【보충설명】

사서(社鼠)란 사람이 함부로 손댈 수 없는 사당에 숨어 사는 쥐라는 뜻으로, 어떤 권력기관이나 권문 세력가에 의지하여 간사한 일을 하는 사람을 일컫는 말이다. 그들은 조정 안에서는 선악을 가리지 못하게 하고, 조정 밖에서는 백성들에게 권세를 휘두르며 자기들의 권리만을 우선시한다. 고사성어 사서성호(社鼠城狐)도 동일한 의미인데, 사묘(社廟)에는 쥐가 살고, 성(城)의 담장에는 여우가 살고 있다는 우언이다. 여우는 城의 담에 있는 굴에 몸을 숨기기 때문에 사람들이 여우를 잡기 위해서 성의 담장을 무너뜨리지 못하는 것이다. 결국 여우도 쥐와 마찬가지로 잡을 수 없는 것이다.

晏子使楚

【原文】

晏子使楚, 楚人以晏子短, 爲小門于大門之側而延晏子. 晏子不入, 曰 : "使狗國者從狗門入, 今臣使楚, 不當從此門入." 儐者更道從大門入. 見楚王, 王曰 : "齊無人耶? 使子爲使." 晏子對曰 : "齊之臨淄三百閭, 張袂成陰, 揮汗成雨, 比肩繼踵而在, 何爲無人?" 王曰 : "然則何爲使子?" 晏子對曰 : "齊命使, 各有所主. 其賢者使使賢主, 不肖者使使不肖主. 嬰最不肖, 故宜使楚矣."《晏子春秋 · 內篇雜下》

【注釋】

⑴ 晏子(안자) : 춘추시대 齊나라 재상. 유명한 정치가이자 외교관.
⑵ 使(사) : 사신으로 가다
⑶ 延(연) : 이끌다, 맞이하다
⑷ 儐者(빈자) : 외국의 사신을 접대하는 관리. 儐(빈) : 대접하다
⑸ 更道(경도) : 들어가는 길을 바꾸다 更(경) : 바꾸다
⑹ 臨淄(임치) : 춘추시대 제(齊)나라의 수도로 지금의 산동성 임치현.
⑺ 閭(려) : 1閭는 25가구. 閭 : 이문 려
⑻ 張袂(장몌) : 소매를 펼치다. 袂 : 소매 몌.
⑼ 比肩繼踵(발꿈치 종) : 어깨가 맞닿고 발뒤꿈치가 이어진다. 比 : 미칠 비.
⑽ 使使(사시) : 앞의 使는 사역동사. 뒤의 使는 사신으로 가다는 동사.

【번역문】

안자가 초나라에 사신으로 갔는데, 초나라 사람들은 안자가 왜소한 것을 보고서 큰 문 옆에 있는 작은 문으로 안자를 맞이하려 했다. 그러나 안자는 들어가

지 않고 말하기를, "개 나라에 사신으로 온 사람은 개구멍으로 들어가겠지만, 지금 신은 초나라에 사신으로 왔으니 이런 문으로 들어가는 것은 부당하오."라고 했다. 이에 사신을 접대하는 관리가 길을 바꿔서 큰 문으로 들어가게 하였다. 안자가 초왕을 뵙자 왕이 말하기를, "제나라에는 그렇게도 사람이 없단 말이오? 그대 같은 사람을 사신으로 보내다니."라고 하였다. 안자가 대답하여 말하기를, "제나라의 수도인 임치에는 3백려(閭)의 주민이 살고 있어서, 옷소매를 펼치면 하늘을 가리고, 흐르는 땀을 뿌리면 비가 오는 것 같고, 길 가는 사람들은 어깨가 맞닿으며, 발이 서로 이어지는데 어찌하여 사람이 없다고 하십니까?"라고 하였다. 다시 왕이 말하기를, "그렇다면 어찌하여 그대 같은 사람을 사신으로 보냈단 말이오?"라고 하였다. 안자가 대답하여 말하기를, "제나라에서는 사신을 파견할 때 각각 정해진 군주가 있습니다. 현자는 현군에게 사신으로 보내고 못난 자는 못난 군주에게 사신으로 보냅니다. 그런데 제가 가장 못났으므로 초나라에 사신으로 온 것은 마땅한 일입니다."라고 하였다.

【보충설명】

안자(晏子)는 춘추시대 제(齊)나라 경공(景公)의 재상이다. B. C 547年에 제경공이 즉위한 후, 그 다음해에 제경공이 진(晋)나라를 방문했을 때 방자한 태도를 보여 진나라 고위층의 불만을 사게 된다. 결국 진나라의 군사공격을 받기에 이르게 되는데, 제나라 경공은 처음엔 별 신경을 쓰지 않다가 진나라 군대가 성(城) 아래까지 이르자 굴복하고 말았다. 이런 일을 겪으면서 제나라 경공은 제나라의 국력이 강한 진나라와 맞설 수 없다는 것을 인식하고, 남쪽의 초나라와 친선을 도모해서 초나라와 함께 진나라에 대항할 생각을 한다. 그래서 제나라 경공은 안자를 초나라의 사신으로 보내게 된 것이다.

이 우언은 5척이 안 되는 단신에 볼품없는 외모를 가진 제(齊)나라 안자(晏子)의 외교 전략과 역량의 진면목을 보여주고 있다. 안자는 "개 나라에 사신으로 온 사람은 개구멍으로 들어가겠지만, 지금 신은 초나라에 사신으로 왔으니 이런 문으로 들어가는 것은 부당하오."라고 말하며, 제후국들이 각축하는 불안정한 패권 질서 속에서 제나라 위상을 크게 높였다.

【孫子】

《손자》는《孫子兵法》이라고도 하는데, 제나라 병법가(兵法家)이자 전략가인 손무(孫武 : BC 6세기경))가 지은 대표적인 병법서(兵法書).「시계(始計)」,「작전(作戰)」,「모공(謀攻)」,「군형(軍形)」,「병세(兵勢)」,「허실(虛實)」,「군쟁(軍爭)」,「구변(九變)」,「행군(行軍)」,「지형(地形)」,「구지(九地)」,「화공(火攻)」,「용간(用間)」등 총13편으로 군사(軍事) 운용의 기본적인 원칙으로부터 실전에 응용될 수 있는 변화무쌍한 전술에 이르기까지 풍부한 내용을 다루고 있다.

同舟共濟

【原文】

吳人與越人相惡也, 當其同舟共濟, 遇風, 其相救也, 如左右手.
《孫子 · 九地》

【注釋】

(1) 惡(오) : 미워하다
(2) 濟(제) : 건너다
(3) 吳越同舟(오월동주) : 서로 미워하는 오(吳)와 월(越)이 함께 배를 탐
(4) 如左右手(여좌우수) : 왼손과 오른손처럼 잘 협력하다

【번역문】

오나라 사람과 월나라 사람은 서로 미워했다. 그들이 같은 배에 타고 함께 강을 건너다가 강풍이 만났을 때, (그들은 모든 원한을 잊어버리고) 서로 구해 주었는데 마치 한 사람의 왼손과 오른손이 같이 서로 마음을 같이 했다.

【보충설명】

설령 세력이 공존할 수 없는 적이라고 할지라도 그들이 큰 재난을 만나 서로의 생명을 위협받게 되면 그들은 오래 묵은 원한을 벗어던지고 서로 도와야 그 위기를 모면할 수 있음을 말하고 있다. 오월동주(吳越同舟), 성어도 역시 같은 뜻으로 왼손과 오른손이 호흡을 맞추듯 모두가 한마음으로 행동했기에 위기를 모면할 수 있었다는 것이다.

【墨子】

《묵자》(墨子)라는 책은 중국의 전국시대 중기에서 후기에 걸쳐 묵가의 제자들에 의하여 집대성된 저작집이다. 묵자(BC 468?~BC 376?)의 본명(名)은 적(翟)이며 송(宋) 나라 사람으로 노(魯) 나라에 오래 기거했다고 한다. 그는 전국시대의 사상가

이자 병법가(兵法家)로 널리 알려져 있다. 전국시대에는 제자백가(諸子百家)라고 할 만큼 많은 사상가들이 출현해서 제각기 활약을 펼쳤는데, 묵자는 당시로서는 드물게 겸애(兼愛 : 박애)와 평화주의를 제창한 독특한 인물이었다. 묵자의 정치적인 사상(견해)은《墨子》서적의〈尙賢〉,〈尙同〉,〈兼愛〉,〈非攻〉,〈節用〉,〈節葬〉,〈天志〉,〈明鬼〉,〈非樂〉,〈非命〉篇에 잘 드러나 있다. 또한 그의 사상은 전국 시대에 유가, 묵가와 더불어 현학(저명한 학설)으로 칭송받았다.

楚王好細腰

【原文】

昔者楚靈王好士細腰, 故靈王之臣皆以一飯爲節. 脇息然後帶, 扶牆然後起. 比期年, 朝有黧黑之色. 是其故何也? 君說之, 故臣能之也.《墨子 · 兼愛中》

【注釋】

⑴ 昔者(석자) : 옛날에
⑵ 楚靈王(초영왕) : 춘추시대 초나라의 군왕
⑶ 好(호) : 좋아하다
⑷ 士(사) : 신하
⑸ 故(고) : 그래서
⑹ 之(지) : ~의
⑺ 皆(개) : 모두
⑻ 以(이) : ~로
⑼ 一飯(일반) : 매일 한 끼만 먹다
⑽ 節(절) : 절제하다

⑾ 脇息(협식) : 숨을 내쉬다
⑿ 扶牆(부장) : 벽을 짚다
⒀ 帶(대) : 허리띠를 졸라매다
⒁ 比(비) : ~에 이르러
⒂ 期年(기년) : 일 년
⒃ 朝(조) : 조정의 신하
⒄ 黧黑(여흑) : 누렇게 뜨다
⒅ 色(색) : 얼굴색
⒆ 說(열) : '좋아하다'는 뜻으로, 悅(열)과 통용된다

【번역문】

옛날 초나라 영왕은 허리가 가는 신하를 좋아했다. 그래서 영왕의 신하들은 매일 한 끼 식사만 하면서 절식하게 되었는데, 호흡을 깊이 내쉬고 나서야 허리띠를 졸라매고, 벽을 짚고서야 겨우 일어설 수 있었다. 일 년이 지나자 조정의 모든 관리들은 얼굴이 누렇게 뜨고 또 수척해졌다. 이것은 무슨 까닭일까? 임금이 이러한 것을 좋아하니 관리들이 곧 그렇게 한 것이다.

【보충설명】

역사 전체의 관점에서 보면 권력은 한 시대의 흐름을 바꿀 수는 있지만 영향은 제한적이다. 그러므로 무작정 따라가지 말고 나름의 가치판단을 하는 것이 오늘날에는 더욱 소중하다는 교훈을 알려준다.

【列子】

도가(道家)의 저서로 주(周)의 열어구(列禦寇)가 지었다고 전해지나 정확하지는 않다. 도교 주요 경전의 하나로 간주한다. 천서(天瑞) · 황제(黃帝) · 주목왕(周穆王) · 중니(仲尼) · 탕문(湯問) · 역명(力命) · 양주(楊朱) · 설부(說符)의 8편으로 이루어져 있다. 전한(前漢) 유향(劉向)의《서록(敘錄)》에 의하면 20편으로 중복된 내용이던 것을 줄여 8편으로 편성했다고 한다.

杞人憂天(杞憂)

【原文】

杞國有人憂天地崩墜, 身亡所寄, 廢寢食者. 又有憂彼之所憂者, 因往曉之, 曰 : "天, 積氣耳, 亡處亡氣. 若屈伸呼吸, 終日在天中行止, 奈何憂崩墜乎?" 其人曰 : "天果積氣, 日月星宿, 不當墜耶?" 曉之者曰 : "日月星宿, 亦積氣中之有光耀者, 只使墜, 亦不能有所中傷." 其人曰 : "奈地壞何?" 曉者曰 : "地, 積塊耳, 充塞四虛, 亡處亡塊. 若躇步跐蹈, 終日在地上行止, 奈何憂其壞?" 其人舍然大喜, 曉之者亦舍然大喜.《列子 · 天瑞》

【注釋】

⑴ 杞(기) : 구기자. 춘추시대 국명
⑵ 崩墜(붕추) : 붕괴, 무너짐
⑶ 身亡所寄(신망소기) : 몸을 의탁할 곳이 없다. 亡 : 無와 통용. 寄 : 의탁하다
⑷ 又有憂彼之所憂者(우유우피지소우자) : 그가 근심하는 것을 근심(걱정)하는 사람이 또 있다. 之 : ~의 憂 : 근심하다, 걱정하다
⑸ 曉(효) : 깨우치다. 설명하다
⑹ 若(약) : 너, 屈伸 : 굽혔다 펴다 활동하다
⑺ 終日在天中行止(종일재천중행지) : 종일 기체가운데서 활동해도
⑻ 果(과) : 만약
⑼ 日月星宿, 不當墜邪(일월성수, 부당추사) : 해와 달과 별들은 마땅히 떨어지지 않을까?
星宿(성수) : 별과 별자리 邪(야) : 耶, 嗎, 의문 조사
⑽ 只使(지사) : 설령 그렇다하더라도
⑾ 中傷(중상) : 맞아서 다치다
⑿ 奈地壞何(내지괴하) : 그렇게 땅이 무너지면 어떡하나요
⒀ 地積塊耳(지적괴이) : 땅은 흙덩어리가 쌓인 것일 뿐이다
⒁ 四虛(사허) : 사방
⒂ 躇步跐蹈(저보차도) : 躇步(저보)는 서있고 걷는 것이고, 跐蹈(차도)는 밟고 뛰는 것이다
⒃ 行止(행지) : 행동과 정지
⒄ 奈何(내하) : 어찌하겠는가?
⒅ 舍然(사연) : 기뻐하는 모습

【번역문】

춘추시기 기(杞) 나라에 하늘이 무너지고 땅이 꺼질까 봐 걱정하는 사람이 있었는데, 자지도 먹지도 못했다. 또 이 사람이 걱정하는 것을 걱정하는 사람이 있었는데, 일부러 그 사람에게 가서 설명하여 말하기를 : "하늘은 기체가 쌓여있는 것일 뿐으로 어디에도 기체가 없는 곳은 없다. 네가 몸을 굽혔다 펴고, 숨을 들이마시다 내쉬고 종일 공기 중에 행하거나 멈추거나 하는데 너는 어찌하여 하늘이 무너질까 걱정하는가?" 했다. 그 사람이 말하기를 "하늘이 과연 기운이 쌓여서 이

루어졌다면 해와 달과 별은 떨어지지 않는 것이 마땅하겠지요?" 했다. 또 설명하는 사람이 말하기를 : "해와 달과 별들도 또한 기운이 쌓여 있는 가운데 빛이 있는 것이라. 비록 떨어지더라도 또한 사람이 맞아서 상처 입는 바가 없는 것이다." 했다. 그 사람(杞國人)이 말하기를 : "만약 땅이 무너지면 어찌합니까?" 하니, 설명하는 사람이 말하기를 : "땅은 흙덩어리를 쌓은 것일 뿐으로 四方이 충만하여 흙덩어리가 없는 곳이 없는 것이다. 네가 서 있고, 걷고, 밟고, 뛰고, 종일 땅 위에서 활동하는데, 어찌하여 땅이 무너지는 것을 걱정하는가?" 그 사람(杞國人)이 크게 기뻐하고, 설명해 주는 사람도 또한 크게 기뻐했다.

【보충설명】

寓言 '杞憂'는 온종일 괜한 걱정과 끝없는 시름 때문에 자기뿐만 아니라 타인에게 폐를 끼치며 보내는 사람들을 기우(杞憂)의 이야기를 통해 比喩하며 근거 없는 걱정을 하지 말라고 깨쳐 주고 있다. 문장은 대화체로 구성되어 있고, 말은 간결하며, 논리가 치밀하고, 읽을수록 문장이 일맥상통하고 있다.

朝三暮四

【原文】

宋有狙公者, 愛狙, 養之成群, 能解狙之意, 狙亦得公之心. 損其家口, 充狙之欲. 俄而匱焉, 將限其食. 恐衆狙之不馴於己也, 先誑之曰 : "與若芧, 朝三而暮四, 足乎?" 衆狙皆起而怒. 俄而曰 : "與若芧, 朝四而暮三, 足乎?" 衆狙皆伏而喜. 《列子 · 黃帝》, 《莊子 ·

齊物論》

【注釋】

(1) 狙(저) : 원숭이 公 : 남자의 미칭
(2) 得(득) : 이해하다
(3) 欲(욕) : 식욕
(4) 俄而(아이) : 얼마 지나지 않아
(5) 匱(궤) : 다하여 없어지다
(6) 限(한) : 줄이다
(7) 恐(공) : 두려워하다
(8) 馴(순) : 길들여 순종하게 하다
(9) 誑(광) : 속이다
(10) 與(여) : 주다
(11) 若(약) : 인칭대명사로 너(너희들)
(12) 芧(서) : 도토리, 상수리
(13) 足(족) : 충분하다
(14) 衆(중); 무리
(15) 起而怒(기이노) : 일어나서 화내다
(16) 朝(조) : 아침

【번역문】

송나라에 狙公(원숭이를 기르는 사람)이 있었는데, 원숭이를 좋아하여 길러서 무리를 이루었다. 그도 원숭이의 뜻을 이해했으며, 원숭이 또한 公의 마음을 이해했다. 그는 가족의 식량을 줄여서 원숭이 식욕을 충족시켰다. 얼마 지나지 않아 식량이 떨어지려고 하자 원숭이의 먹이를 줄이고자 했다. 그는 원숭이가 그에게 순종하지 않을까 두려워서 먼저 속여 말하기를; "이제부터 너희들에게 아침에 도토리 세 개, 저녁에 네 개를 주려고 하는데, 만족합니까?" 뭇 원숭이들은 일어나 화를 내자 잠시 후에 그가 "너희들에게 아침에 도토리 네 개, 저녁에 세 개를 주려고 하는데, 만족합니까?" 뭇 원숭이들은 엎드려 좋아했다.

【보충설명】

원래 故事는 狙公이 원숭이를 우롱하는 속임수를 폭로하는 것인데, 사실 식량의 총수는 그대로이고 분배 방식만 바뀌었는데 원숭이들이 기쁨으로 화답한다. 이 우화를 통해 사람들에게 형식은 아무리 다양해도 본질은 하나이며, 실제를 중시하여 감언이설에 속지 않도록 경계해야 함을 말해주고 있다.

愚公移山

【原文】

太形 · 王屋二山, 方七百里, 高萬仞, 本在冀州之南, 河陽之北. 北山愚公者, 年且九十, 面山而居, 懲山北之塞, 出入之迂也. 聚室而謀, 曰 : "吾與汝畢力平險, 指通豫南, 達于漢陰, 可乎?" 雜然相許. 其妻獻疑曰 : "以君之力, 曾不能損魁父之丘, 如太形 · 王屋何? 且焉置土石?" 雜曰 : "投諸渤海之尾, 隱土之北." 遂率子孫荷擔者三夫, 叩石墾壤, 箕畚運于渤海之尾. 鄰人京城氏之孀妻有遺男, 始齔, 跳往助之. 寒暑易節, 始一返焉. 河曲智叟笑而止之, 曰 : "甚矣, 汝之不惠! 以殘年餘力, 曾不能毁山之一毛, 其如土石何?" 北山愚公長息曰 "汝心之固, 固不可徹, 曾不若孀妻弱子. 雖我之死, 有子孫焉. 子又生孫, 孫又生子. 子又有子, 子又有孫. 子子孫孫, 無窮匱也. 而山不加增, 何苦而不平?" 河曲智叟亡以應. 操蛇之神聞之, 懼其不已也, 告之于帝. 帝感其誠, 命夸蛾氏二子負二山, 一厝朔東, 一厝雍南. 自此, 冀之南, 漢之陰, 無隴斷焉.《列子 · 湯問》

【注釋】

(1) 太形(태형) : 太行山으로, 지금의 산서성, 하북성, 하남성의 경계에 있다.
(2) 王屋(왕옥) : 지금의 산서성 양성현 서남쪽에 있다.
(3) 萬仞(만인) : 1仞은 8尺으로, 萬仞은 매우 높다는 말이다.
方(방) : 넓이 高(고) : 높이.
(4) 冀州(기주) : 지금의 하북성과 하남성의 황하 이북을 포괄함.
(5) 河陽(하양) : 지금의 하남성 孟縣. 者 : 조사. 주어를 제시
(6) 且(차) : 장차 ~에 이르다. 且 : 장차 차, 또 차.
(7) 懲(징) : 괴로워하다. 고생스럽다.
(8) 塞(색) : 막히다.
(9) 迂(우) : 멀리 빙 돌다. 우회하다.
(10) 聚室(취실) : 집안 사람들을 모아 놓다.
(11) 畢力(필력) : 힘을 다하다. 畢 : 다할 필.
(12) 平險(평험) : 험준한 것을 평평하게 하다.
(13) 指通(지통) : 直通과 같은 의미로, 곧장 통하다.
(14) 豫(예) : 예주(豫州). 漢陰(한음) : 漢水의 북쪽.
(15) 雜然相許(잡연상허) : 떠들썩하게 서로 허락하다. 雜然(잡연) : 혼잡한 모양
(16) 獻疑(헌의) : 의문을 제기하다
(17) 損(손) : 덜다, 없애다
(18) 魁父(괴부) : 지금의 하남성 陳留縣에 있는 조그만 산
(19) 焉(언) :'어찌'의 뜻으로, 하(何)와 같은 뜻이다.
(20) 諸(저) : 어조사로 지어(之於)나 지호(之乎)의 의미이다.
(21) 隱土(은토) : 고대 전설 속의 지명.
(22) 三夫(삼부) : 세 사람.
(23) 叩石墾壤(고석간양) : 돌을 두들겨 깨고 흙을 파내는 것. 叩(고) : 칠 墾(간) : 개간
(24) 箕畚(기분) : 삼태기. 畚 : 삼태기.
(25) 孀妻(상처) : 과부.
(26) 遺男(유남) : 유복자.
(27) 齔(츤) : 이를 갈다는 뜻으로, 여기서는 이를 가는 7 , 8세를 말함.

(28) 寒暑易節(한서역절) : 추위와 더위로 계절이 바뀌다, 즉 1년이 지났음을 뜻함.
(29) 山之一毛(산지일모) : 山의 草木을 가리킴. 毛 : 터럭.
(30) 固 : 고루하다, 완고하다.
(31) 固(고) : 진실로
(32) 徹(철) : 통하다, 사리를 알다. 通과 통용됨.
(33) 窮匱(궁궤) : 없어지거나 다하는 것. 匱 : 다하다.
(34) 苦(고) : 걱정하다. 근심하다.
(35) 亡(무) : 無와 통용됨.
(36) 操蛇之神(조사지신) : 뱀을 쥐고 있다는 전설 속의 신.
(37) 不已(불이) : 그치지 않다. 已 : 그치다.
(38) 帝(제) : 천제(天帝).
(39) 夸蛾氏(과아씨) : 神力을 지녔다고 하는 전설 속의 인물.
(40) 厝(조) : 두다, 놓다.
(41) 朔東(삭동) : 朔方의 동쪽.
(42) 雍(옹) : 중국의 옹주(雍州)로, 지금의 섬서성과 감숙성 일대.
(43) 隴斷(농단) : 높은 구릉이나 언덕이라는 뜻으로 농단(壟斷)과 통용된다. 壟 : 언덕 롱.

【번역문】

태형과 왕옥의 두 산은 넓이가 사방 칠백 리이고, 높이는 만인(萬仞)이나 되는데, 본래 기주(冀州)의 남쪽과 하양(河陽)의 북쪽 사이에 있었다. 북산에 사는 우공은 나이가 아흔이 다 되어 가는데, 산을 마주 대하고 살면서 산의 북쪽이 막혀서 출입하는데 돌아다녀야 하는 것을 괴로워하고 있었다. (어느 날) 집안사람들을 모아놓고 상의하기를 "내가 너희들과 함께 힘을 다해 험준한 산을 평평하게 만들어 예주(豫州)의 남쪽과 곧장 통하게 하고 한수(漢水)의 북쪽에도 곧장 이르게 하려고 하는데, 괜찮겠느냐?" 하니, 화들짝 동의하였다. 그러나 그의 처가 의문점을 제시하며 말하기를 "당신의 힘으로는 조그만 괴부산(魁父山)의 언덕조차도 없앨 수가 없는데, 태형이나 왕옥 같은 산을 어찌하시겠습니까? 또 그 흙과 돌을 어디에 두겠습니까?" 하였다. 여러 사람들이 말하기를 "그것은 발해(渤海)의 끝과

은토(隱土)의 북쪽에다 버리지요."라고 하였다. 마침내 그는 자손들과 짐꾼 세 사람을 거느리고서 돌을 두드려 깨고 흙을 파서 삼태기로 발해의 끝머리로 날랐다. 이웃 경성씨의 과부가 유복자가 있었는데, 겨우 이를 갈기 시작한 나이였으나, 뛰어가 그 일을 돕게 하였다. 그들은 추위와 더위로 계절이 바뀌어야, 비로서 한 번 되돌아왔다. 하곡(河曲)의 지수(智叟)가 그것을 보고서 웃으면서 말리며 말하기를 "당신은 너무도 똑똑하지 못하군요! 늙은 나이의 여력을 가지고는 산에 있는 나무 하나도 부러뜨릴 수 없을 것인데 산의 흙과 돌을 어떻게 하겠다는 겁니까?"라고 하였다. 북산의 우공은 길게 탄식하면서 말하기를 "당신 마음의 완고함은 본시부터 깨뜨릴 수가 없는 것이니 과부의 어린 아이만도 못하구려! 비록 나는 죽더라도, 자식은 남아 있소. 자식은 또 손자를 낳을 것이요, 손자는 또 자식을 낳을 것이요. 그 자식은 또 자식을 낳을 것이며, 그 자식은 또 손자를 낳아서, 자자손손이 영원히 다하는 일이 없을 것이나, 산은 더 늘어나지 않을 것인데 어찌하여 평평해지지 않으리라 걱정을 하십니까?" 하니, 하곡의 지수는 할 말이 없었다.

조사신(操蛇神)이 그 얘기를 듣고서, 우공이 그만두지 않을까 두려워하여, 그 사실을 상제께 고하였다. 상제는 그의 정성에 감동하여, 과아씨의 두 아들에게 명하여 두 산을 업어다가, 하나는 삭동(朔東)에 놓고, 하나는 옹남(雍南)에 놓게 하였다. 이로부터, 기주의 남쪽과 한수의 북쪽사이에는 높은 언덕이 없게 되었다.

【보충설명】

《열자》의《우공이산》의 우화는 한 늙은이와 우공(愚公)의 대화를 통해 우공(愚公)의 지혜를 보여줌으로써 세상을 바꾸는 것은 머리 좋은 사람이 아니라 결코 포기하지 않고 끝까지 노력하는 사람임을 알려주고 있다. 그러니 왜 도끼를 가는지, 왜 터널을 뚫는 대신 산을 옮기는지 하고 고민할 시간이 있다면, 그 시간에 열심히 목표를 향해 노력하는 게 낫다는 것이다.

【申子】

《신자》는 전국시대 정(鄭) 나라 사람 申不害(?~BC 337)가 지은 법가(法家)의 사상서로 총 6편이다. 법률과 형벌로서 나라를 다스릴 것을 주장하였다. 본래 정(鄭)나라의 천민이었으나 韓나라 소공(昭公)의 재상(宰相)으로서 15년간 나라를 태평하게 다스렸는데 신자는 죽을 때까지 부국강병에 힘써 한(韓)나라를 침범하는 자가 없었다. 저서는《사기(史記)》에서는〈신자(申子) 2편〉,《한서(漢書)》에서는〈신자 6편〉이라고 전하고 있으나, 송(宋) 나라 때에 모두 없어지고, 현재는《군서치요(群書治要)》,《태평어람(太平御覽)》 등에서 전해지는 일문(逸文)을 모은 책이 남아 있다.

葉公好龍

【原文】

葉公子高好龍, 鉤以寫龍, 鑿以寫龍, 屋室雕文以寫龍. 於是天龍聞而下之, 窺頭於牖, 施尾於堂. 葉公見之, 棄而還走, 失其魂魄, 五色無主. 是葉公非好龍也, 好夫似龍而非龍者也.《新序 · 雜事五》

【注釋】

⑴ 葉公(섭공) : 초나라 예현의 현령 심제량(沈濟梁)으로, 子高(자고)는 섭공의 字이다.
⑵ 鉤(구) : 옷에 달린 단추 鑿(착) : 고대에 술을 마시던 잔
⑶ 屋室雕文(옥실조문) : 집에 새긴 문양으로, 文은 紋과 통하며 '무늬'라는 뜻이다
⑷ 寫(사) : 그리다.
⑸ 聞(문) : 듣고 보니
⑹ 下之(하지) : 내려와 가다 窺(규) : 훔쳐본다 牖(유) : 창문
⑺ 施(시) : "타(拖)" 와 통용되며, 내뻗다, 잡아당기다, 끌다는 뜻이다
⑻ 還走(환주) : 돌아서서 달아나다
⑼ 五色無主(오색무주) : 얼굴이 새하얗고 노랗다
⑽ 是(시) : 이것으로 보니

【번역문】

섭공 자고는 용을 좋아했다. 그는 벨트에도 술잔에도 용을 그려 넣었으며, 집 안팎 문양에도 용을 그리고 새겨 넣었다. 하늘에 살던 용이 이 이야기를 듣고 곧 내려와 (섭공의 집에)도착하였다. 그리고 창문에 기대어 방안을 들여다보고 있었는데, 용의 꼬리는 창밖으로 길게 늘어졌다. 섭공이 이것을 보고 혼비백산하여 도망갔다. 이것으로 보건대 엽공은 진짜 용을 좋아하는 것이 아니고, 그가 좋아하는 것은 무릇 용과 비슷한 것이지 용 그 자체는 아니다.

【보충설명】

용을 만나기 전에 용을 좋아한다던 섭공의 말과 용을 만난 후 섭공의 모습과는 모순적이다. 이것은 언행불합치(言行不合致)이다. 섭공호룡(葉公好龍) 이야기는 자장(子張)이 노(魯)나라 애공(哀公)을 알현했을 때, 애공이 이레가 지나도록 자장을 예로써 대하지 않자, 자장이 노나라를 떠나기 전 애공의 시중에게 했던 말이다.

【孟子】

사서(四書 : 논어 · 맹자 · 대학 · 중용) 중의 하나이다. 현재는 양혜왕(梁惠王) · 공손추(公孫丑) · 등문공(滕文公) · 이루(離婁) · 만장(萬章) · 고자(告子) · 진심(盡心)의 7편이 있다. 당나라의 한유(韓愈)는 맹자가 죽은 뒤 그의 문인들이 그동안의 일을 기록한 것이라는 말도 하였다. 《맹자(孟子)》의 문장은 수미일관(首尾一貫)한 논조와 설득력 있는 논리의 전개, 박력 있는 문장으로 전국시대 최고의 산문저서인데, 맹자는 백가(百家)가 다투어 각기 다른 사상을 주장하던 전국시대에 의연하게 공자사상을 옹호하고, 이를 한층 진전시켰다. 공자의 인(仁)에 의(義)를 덧붙여 인의를 강조했고, 왕도정치(王道政治)를 주장했다.

揠苗助長

【原文】

宋人有閔其苗之不長而揠之者, 芒芒然歸, 謂其人曰 : "今日病矣, 予助苗長矣!" 其子趨而往視之, 苗則槁矣! 《孟子 · 公孫醜上》

【注釋】

⑴ 閔(민) : 걱정하다
⑵ 揠(알) : 뽑다
⑶ 芒芒然(망망연) : 지쳐 맥이 빠진 모양
⑷ 病(병) : 지치다
⑸ 長 : 자라다
⑹ 趨(추) : 달려가다

⑺ 槁(고) : 마르다

【번역문】

송나라 사람에 벼 묘목 싹이 자라지 않을 것을 걱정하여 벼 싹을 뽑아 준 사람이 있었다. 지쳐 돌아와서 집안사람들에게 말하기를 "오늘 내가 매우 피곤하다. 내가 싹이 자라도록 도와주었다."고 말하자, 그 아들이 달려가서 보았더니 벼의 싹이 말라죽어 있었다.

【보충설명】

여기서 유래한 揠苗助長은 자연의 순리를 따르지 않고 억지로 힘을 쓰거나 꾀를 내어 일을 이루려다가 도리어 일을 그르치는 것을 비유하는 말이다. 같은 뜻으로 빨리하려고 하다 도달하지 못한다는 말인 욕속부달(欲速不達)도 있다.

齊人有一妻一妾

【原文】

齊人有一妻一妾而處室者. 其良人出, 則必饜酒肉而後返, 其妻問所與飮食者, 則盡富貴也. 其妻告其妾曰 : "良人出, 則必饜酒肉後返, 問其與飮食者, 盡富貴也, 而未嘗有顯者來, 吾將瞯良人之所之也." 蚤起. 施從良人之所之, 遍國中無與立談者. 卒之東郭墦間, 之祭者乞其餘, 不足, 又顧而之他, 此其爲饜足之道也. 其妻歸, 告其妾曰 : "良人者, 所仰望而終身也, 今若此." 與其妾訕其良人, 而相泣于中庭, 而良人未之知也, 施施從外來, 驕其妻妾. 由君子觀之, 則人之所以求富貴利達者. 其妻妾不羞也而不相泣者, 幾希矣.

《孟子 · 離婁章句下》

【注釋】

⑴ 齊(제) : 주대(周代)에 제후의 나라로 산동성(山東省)에 도읍이 있다.
⑵ 良人(양인) : 남편
⑶ 饜(염) : 실컷 먹다.
⑷ 顯者(현자) : 현달한 사람, 출세한 사람.
⑸ 瞯(간) : 엿보다.
⑹ 蚤(조) : 이르다, 빠르다.
⑺ 施從(이종) : 따라 쫓아가다. 施(이) : 옮기다. 주희의 『孟子集註(맹자집주)』에는 “속이고 따라 가서 남편이 모르게 하다. (邪施而行, 不使良人知也)”라고 되어 있다.
⑻ 遍國中(편국중) : 도성 안을 두루 돌아다니다. 遍(편) : 두루.
⑼ 郭墦(곽번) : 외성 묘지, 외성에 있는 공동묘지. 郭(곽) : 외성 墦(번) : 무덤.
⑽ 訕(산) : 헐뜯다, 비방하다.
⑾ 施施(시시) : 기뻐서 스스로 만족하는 모양. 施(시) : 빙글거리다.
⑿ 驕(교) : 교만하다.
⒀ 利達(이달) : 입신출세, 영달.
⒁ 幾希(기희) : 거의 드물다. 幾(기) : 거의

【번역문】

제나라의 어떤 사람이 처와 첩을 한 명씩 거느리고 한 집안에서 함께 살았다. 그 남편이 나가기만 하면 언제나 술과 고기를 실컷 먹고 돌아와서, 그 처가 남편에게 함께 먹고 마신 사람이 누구인지 물었더니 모두 부귀한 사람들이라고 했다. 그래서 그 처가 첩에게 말하기를,' 남편이 나가기만 하면 언제나 술과 고기를 실컷 먹고 돌아오곤 하는데, 함께 먹고 마신 사람이 누구인지 물으면 모두 부귀한 사람들이라고 하네. 그러나 아직 한 번도 부귀한 사람이 우리 집에 찾아온 적이 없으니, 내가 남편이 가는 곳을 뒤쫓아 가보려고 하네.'라고 했다. 아침 일찍 일어나 몰래 남편이 가는 곳을 뒤따라갔는데, 남편은 온 성안을 다 돌도록 함께 서서 얘기하는 사람이 없었다. 결국에는 동쪽 성곽 밖의 묘지로 가서 제사 지내는 사람들에게 남은 음식을 구걸하여 먹더니, 부족하면 또 둘러보고서 다른 곳으로 갔다. 이것이 바로 그가 술과 고기를 실컷 먹는 방법이었다. 그 처가 돌아와 첩에게 말하길,' 남편이란 우리가 우러러보며 일생을 함께해야 하는 사람인데 지금 이와 같구려.' 하고 하면서 그 첩과 함께 남편을 욕하면서 뜰에서 통곡하였다. 그러나 남편은 이런 사정도 모르면서 으스대며 밖에서 돌아와 처첩에게 뽐냈다. 군자의 입장에서 보면, 사람들이 부귀와 출세를 추구하는 수단으로 저 처첩처럼 부끄러워하지 않고 서로 울지 않는 경우가 거의 드물 것이다.

【보충설명】

이것은 재미있는 풍자 소품이다. 매일같이 귀인들이 술을 사준다면서 실제로는 매일 묘지에서 구걸하고 있었던 제나라 남자가 처첩 앞에서 거드름을 피우며 위세를 떨치고 교만하게 구는 이야기이다. 남편의 비밀을 알게 된 처첩은 괴로워하지만, 그는 그것이 탄로 난 줄도 모르고 처첩 앞에서 여전히 득의양양해한다. 이 우화에 나오는 제나라 남자는 놀기를 좋아하고 즐기기 위해 인격을 포기하는 인생관을 가지고 살고 있다. 제나라 남자의 추악한 모습은 그 당시 관료의 부패와 파렴치함을 빗대어 비유한 것으로 이 이야기의 함축적인 의미이다. 맹자는 이 우언을 통해서 수단과 방법을 가리지 않고 제후들의 문전을 누비며 승진을 꾀하던 시대에 대낮에 거들먹거리면서 남몰래 비열한 짓을 하며 자기과시만을 일삼는 이 제나라 남자야말로 지배계급의 후안무치한 전형적 모습임을 드러내주고 있다.

【老子】

史記의《老子韓非列傳》에 따르면, 노자는 고대 사상가이며, 도가(道家)의 시조이다. 성은 이(李)씨고, 이름은 이(耳), 자는 담(聃)이다.『도덕경』이라 불리는『노자』는 제자백가(諸子百家)가 상당히 발전한 무렵부터 한(漢)대까지의 도가사상의 소산(所産)이다. 유가는 인의(仁義) 등 도덕이나 지혜로 인위적으로 백성을 통제하려고 하지만,『노자』의 사상은 도덕이나 통제 욕구를 버리고, 무위자연(無爲自然)과 무위무욕(無爲無欲)을 추구하며, 남에게 겸양하려고 하는 처세술이다.

大器晩成

【原文】

上士聞道, 勤而行之; 中士聞道, 若存若亡; 下士聞道, 大笑之. 不笑不足以爲道. 故建言有之 : 明道若昧, 進道若退, 夷道若纇. 上德若谷; 大白若辱; 廣德若不足; 建德若偷; 質眞若渝. 大方無隅; 大器晩成; 大音希聲; 大象無形; 道隱無名. 夫唯道, 善貸且成.《老子 · 道德經 · 第41章》

【注釋】

⑴ 建言(건언) : 학설
⑵ 夷(이) : 평탄하다
⑶ 纇(뢰) : 치우치다.
⑷ 辱(욕) : 더럽다

(5) 偷(투) : 나태하다, 귀찮아지다
(6) 渝(투) : 혼탁
(7) 隅(우) : 모퉁이, 구석
(8) 貸(대) : 빌리다, 베풀다

【번역문】

훌륭한 제자는 도를 들으면 부지런히 그것을 행한다. 보통의 제자는 들으면, 듣는 둥 마는 둥 한다. 어리석은 제자는 도에 대해서 들으면, 그것(도)을 비웃는다. 비웃음을 당하지 않으면, 도(道)라고 하기에는 부족하다. 그래서 (이러한) 학설 있다 : 명확한 도는 어두운 듯하고, 도에 나아가는 것은 물러나는 듯하고, 도를 평평하게 하는 것은 치우치는 듯하고, 최고의 덕은 계곡같이 숨어있고, 아주 흰 것은 더러워 보이고, 넓은 덕은 부족한 듯하고, 굳건한 덕은 구차해 보이고, 질박한 참됨은 쓸모없는 듯하다. 큰 사각형은 모서리가 없고, 큰 그릇은 늦게 만들어지고, 큰 소리에는 소리가 없고, 큰 형상은 형태가 없다. 도는 숨어있고 이름이 없으며, 모름지기 도(道)는 빌려주기도 잘하고 잘 이루어진다.

【보충설명】

이 우언은 큰 그릇은 늦게 이루어진다는 뜻으로, 크게 될 사람은 늦게라도 성공한다는 말이다. 젊었을 때의 좌절과 시련을 버티는 사람은 어떤 어려움도 이겨내고 큰 성취를 이루기도 한다. 큰 사람이 되기 위해서는 많은 노력과 시간이 필요하다는 것을 일컫는 말이며, 보통 사람이 큰 사람으로 도약하려면 끈기와 노력 없이는 불가능함을 알려주는 우언이다. 능력이 출중하지 않은 사람이라도 인내하면서 자기가 목표한 길로 가면서 노력하면 결국에는 성공할 수 있다는 것이다. 비슷한 속담으로는 대재만성(大才晩成), 조숙조로(早熟早老)가 있다.

【莊子】

장자는 중국 고대의 사상가나 제자백가(諸子百家) 중 도가(道家)의 대표자이다. 노자와 마찬가지로 도(道)를 천지만물의 근본원리로 보았다. 이는 도는 어떤 대상을 욕구하거나 사유하지 않으며(無爲), 스스로 자기 존재를 성립시키며 절로 움직인다(自然)고 보는 일종의 범신론(汎神論)이다. 성은 장(莊)씨이고, 이름은 주(周)이다. 장자의 문장은 내용이 풍부하며 기세가 드높고, 상상력이 풍부해 우언으로 철학을 명백히 밝히는 데에 탁월하다. 중국「寓言」이라는 말도《莊子 · 寓言》에서 비롯되었다.

埳井之蛙(井底之蛙)

【原文】

埳井之蛙謂東海之鱉曰 : “吾樂與！出跳梁乎井幹之上, 入休乎缺甃之崖 ; 赴水則接腋持頤, 蹶泥則沒足滅跗. 還虷蟹與蝌蚪, 莫吾能若也！且夫擅一壑之水, 而跨跱埳井之樂, 此亦至矣. 夫子奚不時來入觀乎？”

東海之鱉左足未入, 而右膝已縶矣. 於是逡巡而卻, 告之海曰 : “夫千里之遠不足以擧其大, 千仞之高不足以極其深。禹之時, 十年九潦, 而水弗爲加益；湯之時, 八年七旱, 而崖不爲加損. 夫不爲頃久推移, 不以多少進退者, 此亦東海之大樂也！” 於是埳井之蛙聞之, 適適然驚, 規規然自失也.《莊子 · 外篇 · 秋水》

【注釋】

⑴ 埳(감) : 우물
⑵ 蛙(와) : 개구리
⑶ 鱉(별) : 자라
⑷ 與(여) : 감탄(感嘆)을 표시하는 어기사(語氣詞).
⑸ 跳梁(도량) : 뛴다
⑹ 井幹(정간) : 난간
⑺ 缺甃(결추) : 깨진 우물 벽돌
⑻ 崖(애) : 가
⑼ 腋(액) : 겨드랑이
⑽ 頤(이) : 턱
⑾ 蹶(궐) : 밟다
⑿ 還(환) : 되돌아보다
⒀ 虷蟹(간섭) : 모기 유충. 장구벌레
⒁ 蝌蚪(과두) : 올챙이
⒂ 莫吾能若(막오능약) : 나와 비교할 수 없다
⒃ 且夫(차부) : 무릇
⒄ 擅(천) : 독점하다. 壑(학) : 골짜기
⒅ 跨跱(과치) : 깡충 뛰다
⒆ 夫子(부자) : 선생(先生)
⒇ 奚(해) : 어찌
(21) 時(시) : 자주
(22) 縶(집) : 걸리다
(23) 逡巡(준순) : 뒷걸음치며 물러나다
(24) 仞(인) : 8척
(25) 潦(료) : 큰비, 장마, 수재(水災)
(26) 崖(애) : 언덕
(27) 進退(진퇴) : 해수(海水)의 증감(增減)

【번역문】

감정지와(埳井之蛙)는 우물 안 개구리가 동해 바다의 자라에게 이렇게 말했다.' 나는 얼마나 즐거운지! 나는 우물 밖으로 뛰어나와서는 우물 난간에 뛰어다니며 노닐다가, 우물 안으로 들어가서는 깨진 우물 벽에 들어가 쉰다. 물에 들어가서는 겨드랑이로 헤엄치다 피곤하면 턱을 물 위에 내놓고 쉬고, 진흙 속에 들어가면 발이 보이지 않게 되고, 발등이 잠긴다. (주위를) 돌아보니, 장구벌레나 올챙이가 어찌 나와 비교할 수 있겠는가. 무릇 한 골짜기의 물을 독차지하고 있어서 우물을 뛰어넘는 즐거움이 있으니, 이 또한 지극한 것이다. 선생께서는 어찌하여 때때로 들어와 보지 않는지요?

동해의 자라가 우물 속으로 아직 왼쪽 발을 들여놓지 않았는데 오른쪽 무릎이 걸려 버렸다. 그래서 (자라는) 뒷걸음치며 물러나면서 개구리에게 바다를 알려주었다. 바다는 천 리의 먼 거리로도 그 길이를 재지 못하고, 천 길의 높이로도 그 깊이를 가늠하지 못한다네. 우(禹) 임금 때에는 십 년에 아홉 번 홍수가 있었지만 물은 불어나지 않았고, 탕(湯) 임금 시대에는 팔 년에 일곱 번 가뭄에도 언덕은 줄어들지 않았다. 시간이 움직여도 어떤 변화가 있지 않고, 물이 들어오고 나가도 변함이 없으니 이것은 바다의 큰 즐거움이라네.' 그래서 우물 속의 그 개구리는 이 말을 듣고 깜짝 놀라서 얼이 빠져 버렸다.

【보충설명】

이 우언은 우물 안 개구리라는 뜻으로, 개구리는 어릴 때부터 우물 안에서만 살면서 고개 들어 우물 만한 하늘밖에 볼 수 없어서 바깥세상을 우물 만한 크기로 착각하게 된다는 것이다. 개구리는 주변 사람들이 아무리 설득해도 세상이 자기가 본 만큼의 세상이라고만 믿게 된다. 따라서 이 우언은 견문이 좁고 세상사에 어두운 사람을 비유한 말로, 득의양양해하거나 잘난 체하는 사람들을 훈계하는 메시지다.

邯鄲學步

【原文】

壽陵餘子之學行於邯鄲, 未得國能, 又失其故行矣, 直匍匐而歸耳.《莊子 · 外篇 · 秋水》

【注釋】

⑴ 邯鄲(한단) : 趙나라 수도로 지금의 河北省 한단(邯鄲)
⑵ 壽陵 : 지명(地名)
⑶ 餘子 : 젊은이
⑷ 學行(학행) : 걸음걸이를 배우는 것
⑸ 國能(국능) : 조나라 사람이 걷는 자세
⑹ 故行(고행) : 자기 원래의 걸음걸이
⑺ 直(직) : 단지
⑻ 匍匐(포복) : 기어가다
⑼ 耳(이) : ~할 뿐이다.

【번역문】

수릉(壽陵)의 미성년이 (조나라의) 한단(邯鄲)에서 걸음걸이를 배웠는데, 조나라 사람의 걷는 자세를 배우지도 못하고, 자기 원래의 걸음걸이도 잃어버린 후에 단지 기어서 돌아올 수밖에 없었다.

【보충설명】

전국시대 유행의 첨단 도시인 조(趙)나라의 수도인 한단(邯鄲)에 놀러 간 사람이 한단 사람들의 걸음걸이를 보고 이를 흉내 내고자 하였다. 그런데 그 사람이 고향인 燕나라 수도 수릉으로 돌아오자 한단(邯鄲)에서 배운 걸음걸이도 잊어버렸고 본래 자신이 걷던 방법도 잊어버려 사람들의 비웃음을 샀다고 한다. 이 우언은'한단의 걸음걸이'라는 뜻으로 자기 분수를 망각하거나 정체성을 잃어버리고는 무턱대고 남을 따라 하거나 흉내내는 어리석음을 경계하는 말이다.

豕虱

【原文】

濡需者, 豕虱是也. 擇疏鬣自以爲廣宮大囿, 奎蹄曲隈, 乳間股腳, 自以爲安室利處. 不知屠者之一旦鼓臂布草操煙火, 而己與豕俱焦也.《莊子 · 雜篇 · 徐無鬼》

【注釋】

⑴ 豕虱(시슬) : 돼지 몸에 기생하며 사는 이
⑵ 濡需(유수) : 돼지에 기생하는 이
⑶ 擇(택) : 선택하다
⑷ 鬣(엽) : 털
⑸ 奎蹄曲隈(규제곡외) : 가랑이나 발굽의 굽이진 곳
⑹ 乳間股腳(유간고각) : 젖가슴 사이나 넓적다리
⑺ 屠者(도자) : 백정
⑻ 鼓臂(고비) : 손을 움직이다
⑼ 布草(포초) : 건초를 깔다

【번역문】

유수자(濡需者)는 바로 돼지에게 기생하는 이(虱)이다. 돼지의 털이 듬성듬성한 부분을 찾아서 넓은 궁정과 큰 정원으로 삼고, 돼지의 가랑이나 발굽의 굽이진 곳이나 젖가슴 사이나 넓적다리를 안전한 거처로 삼는다. 돼지에 기생하는 이는 백정이 어느 날 아침에 팔을 움직여 건초를 깔고 불을 부치면, 자기 자신도 돼지와 함께 타죽는 줄도 모른다.

【보충설명】

이 우언은 귀족들의 사치스럽고 안일하게 사는 모습이 돼지의 이(虱)처럼 구차하게 살면서도 안일함에 빠져서 사는 통치자들을 신랄하게 풍자하면서 비판하고 있다. 또한 '건초에 불을 피워 돼지에 기생하며 사는 이(虱)와 돼지 모두 죽어 없어질 수 있음을 모른다'처럼 구차하게 살면서 자기도취에 빠져있는 자들의 모습과 그들에 대한 통쾌한 감정을 그대로 잘 표현했다.

庖丁解牛

【原文】

庖丁爲文惠君解牛, 手之所觸, 肩之所倚, 足之所履, 膝之所踦, 砉然嚮然, 奏刀騞然, 莫不中音, 合于桑林之舞, 乃中經首之會. 文惠君曰 : "嘻! 善哉! 技蓋至此乎?" 庖丁釋刀對曰 : "臣之所好者道也, 進乎技矣. 始臣之解牛之時, 所見無非牛者. 三年之後, 未嘗見全牛也. 方今之時, 臣以神遇而不以目視, 官知止而神欲行, 依乎天里, 批大郤, 道大窾, 因其固然, 技經肯綮之未嘗, 而況大軱乎? 良庖歲更刀, 割也. 族庖月更刀, 折也. 今臣之刀十九年矣, 所解數千牛矣, 而刀刃若新發于硎. 彼節者有間, 而刀刃者無厚. 以無厚入有間, 恢恢乎其于游刃必有餘地矣. 是以十九年, 而刀刃若新發于硎. 雖然, 每至于族, 吾見其難, 怵然爲戒, 視爲止, 行爲遲. 動刀甚微, 謋然已解, 如土委地. 提刀而立, 爲之四顧, 爲之躊躇滿志, 善刀而藏之." 文惠君曰 : "善哉! 吾聞庖丁之言, 得養生焉.《莊子 · 養生主》

【注釋】

⑴ 庖丁(포정) : 백정. 庖(포) : 푸줏간.
⑵ 文惠君(문혜왕) : 梁 惠王을 말함.
⑶ 解牛(해우) : 소를 잡다. 解(해) : 가르다.
⑷ 倚(의) : 밀치다. 倚(의) : 더하다.
⑸ 踦(기) : 누르다, 닿다.
⑹ 砉然(획연) : 가죽과 뼈가 서로 떨어지는 소리. 砉(획) : 가죽과 뼈가 가르는 소리.
⑺ 嚮然(향연) : 살과 뼈가 서로 떨어지는 소리. 嚮(향) : 울리다.
⑻ 奏刀(주도) : 칼을 쓰다. 奏(주) : 달리다, 연주하다.
⑼ 騞然(획연) : 백정이 쓱쓱 칼을 쓰는 소리. 騞(획) : 백정 칼 쓰는 소리.
⑽ 中音(중음) : 음절에 들어맞음. 中(중) : 맞다.
⑾ 桑林(상림) : 탕왕(湯王)이 만든 춤 이름.
⑿ 經首(경수) : 요(堯)임금의 음악인 함지(咸池)의 악장(樂章).
⒀ 會(회) : 절주, 리듬.
⒁ 蓋(개) : 어찌.
⒂ 釋刀(석도) : 칼을 놓다. 釋(석) : 놓다.
⒃ 進(진) : 초월하다.
⒄ 乎(호) : 어조사로 於(어)와 통용된다.
⒅ 神遇(신우) : 정신적으로 만남.
⒆ 官知(관지) : 감각기관의 감지력.
⒇ 神欲(신욕) : 마음의 바람. 즉 손 가는대로 아무런 의도 없이 무심하게 하는 것.

(21) 天理(천리) : 본연의 결, 여기서는 소 자체의 본래 구조를 말함. 理 : 결 리.
(22) 批(비) : 치다.
(23) 郤(극) : 틈, 隙(극)의 의미이다
(24) 道(도) : 인도하다, 導(도)의 의미이다.
(25) 窾(관) : 빈 틈, 빈 공간. 窾(관) : 비다, 구멍.
(26) 固然(고연) : 본디 그러함. 본래 소 자체의 뼈와 뼈, 뼈와 살 사이에 있는 틈.
(27) 技經(기경) : 技(기)는 枝(지)의 誤字(오자). 지맥(枝脈)과 경맥(經脈)으로 기혈(氣血)이 통과하는 줄기.
(28) 肯綮(긍경) : 뼈와 근육이 얽혀 있는 곳. 肯(긍) : 뼈 사이의 살. 綮(경) : 힘줄이 얽히다
(29) 未嘗(미상) 일찍이 하지 않았다. 즉 긍경(肯綮)을 건드린 적이 없다는 뜻.
(30) 大軱(고) : 넓적다리 부분의 큰 뼈. 軱(고) : 큰뼈.
(31) 良庖(양포) : 훌륭한 백정.
(32) 割(활) : 베다. 소의 살을 베다.
(33) 族庖(족포) : 많은 보통 백정. 族(족) : 무리.
(34) 折(절) : 자르다. 소의 뼈를 자르다.
(35) 若新發于硎(약신발어형) : 마치 숫돌에서 막 간 것 같다. 若(약) : 같다.
(36) 節者(절자) : 골절, 뼈 마디. 節(절) : 마디.
(37) 恢恢乎(회회호) : 넓고 큰 모양. 恢(회) : 넓다.
(38) 游刃(유인) : 칼날을 움직이다. 游(유) : 노닐다.
(39) 族(족) : 簇(족)의 의미로, 뼈와 근육 등이 모여 얽혀 있는 곳.
(40) 怵然(출연) : 두려워하는 모양. 怵(출) : 두렵다.
(41) 謋然(획연) : 재빠른 모양. 謋(획) : 빠르다.
(42) 如土委地 : 마치 흙이 땅에 떨어지는 것 같다. 委(위) : 버리다.
(43) 躊躇(주저) : 이리저리 왔다 갔다 하다.
(44) 滿志(만지) : 뜻에 만족해하다.
(45) 善刀(선도) : 칼을 잘 닦다.

【번역문】

한 백정이 문혜군(文惠君)을 위하여 소를 잡는데, 손이 닿는 곳과 어깨로 밀치는 곳, 발로 밟는 곳, 무릎으로 누르는 곳에서 쩍쩍 소리 나면서 칼이 가는 곳마다 (가죽이 떨어져 나가고 뼈와 살이) 쫙 소리가 나면서, 모두 음률에 들어맞아'상림(桑林)'의 춤에 합치되고'경수(經首)'의 절주에도 들어맞았다. 문혜군이 말하기를 "아

아, 잘하는구나! 기술이 이런 지경에까지 이룰 수가 있는 것인가?"라고 하였다. 백정이 칼을 놓고 대답하기를 "신이 좋아하는 것은 도이니, 기술보다 앞서는 것입니다. 처음에 신이 소를 잡을 때에는 보이는 것이 소가 아닌 것이 없었으나, 삼 년 뒤에는 소가 보이는 일이 없게 되었습니다. 이제 신은 정신으로 소를 대하지 눈으로 보지 않습니다. (칼로) 감각적으로 멈출 곳을 알고 정신이 가는 대로 하여 (살의) 천연의 결을 따라 큰 틈은 쪼개고, 큰 틈으로 따라가면서 소의 그 본래 그러함을 따라서 지맥(枝脈)과 경맥(經脈)으로 기혈(氣血)이 통과하는 곳과 힘줄과 뼈와 살이 얽힌 곳은 일찍이 건드린 적이 없는데 하물며 큰 뼈야 건드렸겠습니까? 훌륭한 백정은 일 년마다 칼을 바꾸는데, 근육을 자르기 때문입니다. 보통 백정은 달마다 칼을 바꾸는데, 뼈를 자르기 때문입니다. 지금 신의 칼은 십구 년이 되었고, 잡은 소는 수천 마리가 되지만, 칼날은 새로 숫돌에 간 것과 같습니다. 그 소의 마디는 틈이 나 있고 칼날도 두께가 없습니다. 두께가 없는 칼로 틈이 있는 곳에 넣으니, 널찍하게 칼날이 노니는 데 있어서, 반드시 남는 공간이 있게 됩니다. 이 때문에 십구 년이 되었으나, 칼날은 새로 숫돌에 간 것과 같은 것입니다. 비록 그러하오나 매번 뼈와 살이 엉킨 곳에 이르면, 저도 하기에 어려움을 느끼게 되니, 조심조심 경계하면서 눈을 거기에 멈추고, 동작을 늦추게 됩니다. 칼을 아주 미세하게 움직이면, 후드득 뼈와 살이 떨어져, 흙이 땅 위에 떨어지듯 합니다. 칼을 든 채 서서, 사방을 둘러보고, 그 소를 처리하느라 왔다 갔다 하며 만족스러워하며, 칼을 잘 손질하여 간수하게 됩니다."라고 하였다. 문혜군이 말하기를 "훌륭하도다! 나는 백정의 말을 듣고서 양생(養生)하는 방법을 터득하였도다."라고 하였다.

【보충설명】

솜씨가 뛰어난 포정(백정)이 소의 뼈와 살을 발라낸다는 뜻인 『포정해우』는 선진 도가의 학파를 대표하는 장자가 지은 우화다. 반복적인 실천을 통해 사물의 객관적인 규율을 파악하고 일 처리가 뜻대로 되어 자유자재로 구사되는 것을 비유하는 말이다. 무슨 일이나 끊임없이 반복하다 보면 결국 사물의 진리를 깨닫게 된다는 것을 의미하며, 신기(神技)에 가까운 솜씨를 비유하거나 기술의 묘(妙)를 칭찬할 때 비유하여 이르는 말이다.

【韩非子】

韓非子는 중국 전국(戰國)시대 말기에 한(韓) 나라의 귀족인 한비(韓非 : BC 280?~BC 233)가 법치주의(法治主義)를 주창하며 법가(法家) 사상을 정리하여 저술한 책이다. 그는 사상가일 뿐만 아니라 수많은 寓言을 인용해서, 날카롭고 논리적인 명문장으로 법가사상을 피력했다. 진시황은 『한비자』를 읽고 감동하여 흠모하게 되어, 한(韓)나라를 공격하면서 한비를 진나라로 보내 달라고 한(韓) 왕을 위협하였다. 그래서 한비가 진(秦)나라에 도착했지만, 한(韓)나라에서 순자(荀子)를 스승으로 같이 모셨던 이사(李斯)가 한비를 질투하고 모해해 옥중에서 자살하게 된다. 한비는 이 책을 통해 전국시대에 각 지역에서 독자적으로 발전한 법가 이론들을 집대성함으로써 법가 사상의 큰 체계를 수립하였다. 『한비자』는 진제국(秦帝國) 시대뿐 아니라 후대에도 계속해서 법치주의의 고전이자 제왕학(帝王學)의 선구로 자리잡게 되었다. 《한서 · 예문지(漢書 · 藝文志)》에 저서인 《韓子》는 원래 55편(篇)

이었다고 하는데, 이것이 곧 『韓非子』이다. 열자, 장자, 한비자는 선진제자(先秦諸子) 중 우언으로 탁월한 저서인데 그들이 쓴 글의 품격은 각양각색의 특색을 지니고 있다.

智子疑隣

【原文】

宋有富人, 天雨牆壞. 其子曰 : 不築, 必將有盜. 其鄰人之父亦云. 暮而果大亡其財. 其家甚智其子, 而疑鄰人之父.《韩非子 · 說難》

【注釋】

⑴ 牆(장) : 담
⑵ 壞(괴) : 무너지다
⑶ 父(부) : 아버지, 노인
⑷ 果(과) : 과연
⑸ 隣(린) : 이웃
⑹ 疑(의) : 의심하다

【번역문】

宋 나라에 부자가 있었는데, 비가 와서 담이 무너졌다. 그 아들이 말하기를 : "담을 쌓지 않으면 도둑이 들 것입니다"라고 했다. 그 이웃의 노인도 그렇게 말했다. 날이 저물자 과연 크게 재물을 잃었다. 그 집 사람들은 그 아들은 매우 지혜롭다고 여겼지만, 그 이웃의 노인을 의심했다.

【보충설명】

동일한 사실에 대해 주관적인 심리 상태가 다르기 때문에 완전히 다른 판단을 하게 된다. 지자의린(智子疑隣)은 의인도부(疑人盜斧)와 비슷한 의미이다. 의인도부(疑人盜斧)의'의심 받은 아이'도 도끼 주인이 도끼를 찾게 되자, 그 혐의를 깨끗하게 벗게 된다.

濫竽充數

【原文】

齊宣王使人吹竽, 必三百人. 南郭處士請爲王吹竽, 宣王說之, 廩食以數百人. 宣王死, 湣王立, 好一一聽之, 處士逃.《韩非子 · 內儲說》

【注釋】

(1) 濫(람) : 넘쳐나다
(2) 竽(우) : 피리
(3) 說(열) : 열(悅)의 의미로, 기뻐하다
(4) 廩食(늠식) : 관가에서 공급하는 식량
(5) 一一(일일) : 한 명씩

【번역문】

제선왕(齊宣王)은 피리를 불게 했는데, 반드시 3백 명이 되어야 했다. 남곽(南郭) 처사는 초청되어 왕에게 피리를 연주했는데, 선왕(宣王)이 좋아하여 식량을 하사했는데 수백인 분에 해당되었다. 선왕이 죽자 민왕이 즉위했는데, (그는) 한 사람씩 연주하는 것을 좋아했다. 처사는 도망해버리고 말았다.

【보충설명】

이 우언은 무능(無能)한 사람이 재능(才能) 있는 체하거나 분수에 맞지 않게 높은 벼슬을 차지한 것을 풍자하고 있다. 재주가 뛰어나지 않은 남곽선생이 삼백 명의 악대에 섞여서 연주를 하면 상을 받을 수 있지만, 혼자 연주하라고 하면 실력이 부족하여 도망갈 수밖에 없는 것이다. 거짓된 재주는 일시적인 성공을 이룰 수는 있어도 지속적인 성공을 유지할 수는 없다. 사람은 각고의 노력으로 진정한 인재의 자질을 갖추어야만 진정한 성공을 거둘 수 있다는 것을 일깨워주는 우언이다.

矛盾(矛與盾)

【原文】

楚人有鬻盾與矛者, 譽之曰 : "吾盾之堅, 物莫能陷也!" 又鬻其矛曰 : "吾矛之利, 於物無不陷也!" 或曰 : "以子之矛陷子之盾, 何如?" 其人弗能應也.《韓非子 · 難一》

【注釋】

(1) 鬻(육) : 팔다
(2) 譽(예) : 칭찬하다, 자랑하다
(3) 陷(함) : 움푹 패게 하다, 무너뜨리다
(4) 莫(막) : 없다

⑸ 應(응) : 대답하다
⑹ 或曰(혹왈) : 어떤 사람이 말하기를
⑺ 譽之曰의 '之'는 대사(代词)로 盾(순)을 가리킨다.
⑻ 吾矛之利와 吾盾之堅의 '之'는 문언조사(文言助词)이다.
⑼ 堅(견) : 견고(堅固)하다
⑽ 以(이) : ~로써, ~을 사용하여

【번역문】

초나라에 창과 방패를 파는 사람이 있었는데, 그 사람이 방패를 자랑하며 말하기를 "내가 파는 방패는 정말 튼튼해서 그 어떤 물건이라 할지라도 이 방패를 뚫을 수 없을 것이다"라고 말했습니다. 또 그 사람은 창을 팔면서 말하기를 "내가 파는 창의 예리함은 어떤 물건도 뚫지 못할 것이 없습니다."라고 했다. 그러자 어떤 사람이 "만약에 당신이 파는 창으로 당신이 파는 방패를 찌른다면 어떻게 되겠는가?"라고 그에게 물었습니다. 그 사람은 대답할 수 없었다.

【보충설명】

모순(矛盾)은 사람이 말할 때는 진실하고 참된 말을 해야 하고, 현실 생활에서 일할 때는 사물이나 일의 객관성과 합리성을 위배하지 않아야 한다는 우화이다. 또한 '망가뜨릴 수 없는 방패'와 '무너뜨릴 수 없는 창'은 동시에 존재할 수 없는 것이라는 교훈에서 알 수 있듯이 말이나 일을 할 때에는 우선적으로 스스로를 설득할 수 있는 논리와 근거가 필요하다는 것을 시사해주고 있다.

守株待兔

【原文】

宋人有耕田者, 田中有株, 兔走觸株, 折頸而死. 因釋其耒而守株, 冀復得兔. 兔不可復得, 而身爲宋國笑.《韩非子 · 五蠹》

【注釋】

⑴ 耕(경) : 밭을 갈다. 농사일에 힘쓰다
⑵ 株(주) : 나무 그루, 그루터기
⑶ 觸(촉) : 부딪히다
⑷ 折(절) : 부러지다
⑸ 頸(경) : 목
⑹ 釋(석) : 놓다
⑺ 耒(뢰) : 쟁기
⑻ 冀(기) : 바라다
⑼ 笑(소) : 조소거리

【번역문】

송나라에 농민이 있었는데, 그의 밭에 나무 그루터기가 있었다. 토끼가 달려와 나무 그루터기에 부딪혀 목이 부러져 죽었다. 이로 인해 (농민은) 쟁기를 내려놓고 그루터기를 지키며 다시 토끼를 얻기를 기대했다. (하지만) 토끼는 다시 얻을 수 없었고, 그의 자신은 송나라의 웃음거리가 되었다.

【보충설명】

이 우언은 일하려는 노력도 하지 않으면서 자신이 원하는 것을 얻고자 하는 사람의 어리석음을 비유한 것으로, 작은 경험 하나를 맹신하면서 융통성이 없는 사람이 되어서는 안 된다는 인생철학을 담고 있는 우언이다.

扁鵲治病

【原文】

扁鵲見蔡桓公, 立有間, 扁鵲曰 : "君有疾在腠理, 不治將恐深." 桓侯曰 : "寡人無疾." 扁鵲出, 桓侯曰 : "醫之好治不病以爲功." 居十日, 扁鵲復見曰 : "君之病在肌膚, 不治將益深." 桓侯不應. 扁鵲出, 桓侯又不悅. 居日, 扁鵲復見曰 : "君之病在腸胃, 不治將益深." 桓侯又不應. 扁鵲出, 桓侯又不悅. 居十日, 扁鵲望桓侯而還走. 桓侯故使人問之. 扁鵲曰 : "疾在腠理, 湯熨之所及也. 在肌膚, 針石之所及也. 在腸胃, 火齊之所及也. 在骨髓, 司命之所屬, 無奈何也. 今在骨髓, 臣是以無請也." 居十日, 桓侯體痛, 使人索扁鵲, 已逃秦矣. 桓侯遂死. 《韩非子 · 喩老》

【注釋】

⑴ 扁鵲(편작) : 전국시대 명의(名醫)로, 성은 진(秦) 이름은 월(越)인데 보통 편작이라고 부름.
⑵ 見(현) : 뵙다. 알현하다.
⑶ 蔡桓公(채환공) : 환공(桓公)은 춘추시대 채국(蔡國)의 군주이며, 채국(蔡國)은 하남성 상채현(上蔡縣)에 있었음.
⑷ 有間(유간) : 잠시 동안. 間(간) : 틈.
⑸ 腠理(주리) : 살결. 살갗. 腠(주) : 살결.
⑹ 寡人(과인) : 과덕지인(寡德之人)의 준말로 군주의 겸칭.

(7) 肌膚(기부) : 살, 근육. 肌(기) : 피부. 膚(부) : 피부.
(8) 故(고) : 고의로. 故 : 짐짓 고.
(9) 湯熨(탕위) : 탕약과 고약. 熨(위) : 고약 붙이다.
(10) 所及(소급) : 미치는 바이다. 즉 치료가 가능하다는 뜻. 及(급) : 미치다.
(11) 針石(침석) : 침과 돌침(砭針).
(12) 火齊(화제) : 내장의 열을 제거하는 탕약명.
(13) 司命(사명) : 목숨을 관장하는 신. 司 : 맡을 사
(14) 索(색) : 찾다
(15) 秦(진) : 국명(國名)으로, 지금의 陝西省 咸陽市에 그 도성이 있었음.

【번역문】

편작이 채(蔡)나라 환공(桓公)을 알현하였는데, 잠시 서 있다가 편작이 말하기를 "군께서는 병이 살갗에 있는데 치료하지 않으면 깊어질까 두렵습니다."라고 하였다. 환후(桓侯)가 말하기를 "과인은 병이 없다."라고 하였다. 편작이 나가자 환후가 말하기를 "의사들은 병 아니 병을 고쳐서 공(功)으로 삼기를 좋아한다."라고 하였다. 십 일이 지나, 편작이 다시 알현하고 말하기를 "군의 병이 살에 있는데, 치료하지 않으면 장차 더욱 깊어질 것입니다."라고 하였다. 환후는 아무 응답도 하지 않았다. 편작이 나가자 환후는 또 기뻐하지 않았다. 십 일이 지나 편작이 다시 알현하고 말하기를 "군의 병이 장과 위에 있는데 치료하지 않으면 장차 더욱 깊어질 것입니다."라고 하였다. 환후는 또 아무 응답도 하지 않았다. 편작이 나가자 또한 기뻐하지 않았다. 십 일이 지나 편작이 환후를 보고는 돌아서서 달아났다. 환후가 의도적으로 사람을 시켜 그에게 묻게 했다. 편작이 말하기를 "병이 살갗에 있으면 탕약과 고약으로 고칠 수 있고, 살에 있으면 금침이나 돌침으로 고칠 수 있고, 장과 위에 있으면 열을 제거하는 탕약으로 고칠 수 있으나, 골수에 있으면 죽을 목숨이라 어떻게 해볼 수가 없습니다. 이제 병이 골수에 있으니 신

은 이로써 더 요청할 것이 없습니다."라고 하였다. 오 일이 지나 환후가 몸에 통증을 느껴 사람들로 하여금 편작을 찾게 하였으나 편작은 이미 진(秦)으로 도망친 뒤였다. 이리하여 환후가 마침내 죽었다.

【보충설명】

채환공이 치료받기를 꺼리다가 골수에 병이 생겨 죽게 된다는 우화이다. 위정자는 사소한 일이라도 백성을 위해서는 대비해야 하고, 다른 사람의 정확한 의견을 귀담아 잘 들어야 한다는 내용으로, 그렇지 않으면 상상조차 할 수 없는 결과를 낳게 된다. 특히 개인의 재난이나 사회적 위기 상황에서 위정자는 현실을 직시하고 빠른 시일 안에 문제를 해결해야 한다는 점을 경계하고 있다. 어떠한 문제에 대해서 신속한 조치를 취하지 않을 경우에는 채환공처럼 조그마한 문제가 커다란 문제로 악화되어 결국에는 어떠한 방법으로도 구제받거나 극복할 수 없는 지경에 이를 수 있음을 깨우쳐주고 있다.

【呂氏春秋】

《呂氏春秋》는 기원전 239년 진나라의 정치가 여불위(呂不韋)가 그의 주도 아래 빈객(賓客) 3,000명을 모아서 편찬하였다.《한서 · 예문지(漢書 · 藝文志)》에 26편(篇)으로 기재되어 있으며《여람(呂覽)》이라고도 한다. 연감에 해당하는 기(紀) 12편, 보고서에 해당하는 람(覽) 8편, 논문에 해당하는 론 (論) 6편으로 구성되어 있다. 도가(道家) 사상이 중요한 부분을 차지하나, 유가(儒家) · 병가(兵家) · 농가(農家) · 형명가(刑名家) 등의 설(說)도 볼 수 있다. 또한 춘추전국(春秋戰國)시대의 시사(時事)에 관한 것도 수록되어 있어 그 시대를 알 수 있는 중요한 시론서이다. 이 책을 완성하고 여불위는 함양[咸陽]의 시문(市門)에 걸어놓고, 이 책의 내용을 한 자라도 고칠 수 있는 사람이 있으면 천금을 주겠다고 하여 완벽한 내용을 과시하기도 하였다.

刻舟求劍

【原文】

楚人有涉江者, 其劍自舟中墜於水, 遽契其舟曰 : "此吾劍之所從墜." 舟止, 從其所契者入水求之. 舟已行矣, 而劍不行, 求劍若此, 不亦惑乎?《呂氏春秋 · 察今》

【注釋】

(1) 涉(섭) : 건너다
(2) 者(자) : ~한 사람
(3) 遽(거) : 즉시, 분주히
(4) 契(계) : 칼로 새기다
(5) 是吾劍之所從墜(시오검지소종추) : 여기는 내 검이 떨어진 곳이다
(6) 矣(의) : 문장 끝에서 과거를 나타내는 조사
(7) 若(약) : ~같다
(8) 此(차) : 이렇게
(9) 不亦惑乎(불역혹호) : 이 또한 어리석지 않은가? (완곡한 반문의 표현)

【번역문】

초나라에 강을 건너는 사람이 있었는데, 그의 검이 배에서 물속으로 떨어졌다. 그는 서둘러 배에 검이 떨어진 곳에 표시를 하면서, 이곳은 "내 검이 떨어진 곳" 이라고 말했다. 배가 (목적지에 이르러) 멈추자, 그 사람은 그가 표시를 새긴 곳에서 물로 들어가 검을 찾았다. 배는 이미 떠났고 검은 그 자리에 움직이지 않았으니, 이렇게 검을 찾으니 어찌 어리석다고 하지 않겠는가?

【보충설명】

세상의 사물은 항상 끊임없이 변화한다. 그래서 사람은 반드시 사물의 변화에 따라 변화해야 하며 문제를 해결하는 방법을 바꾸어야 한다. 현실에 맞지 않는 규칙을 고수해서는 안 되며 변화 발전하는 사물을 정지된 눈으로 바라보는 것은 잘못된 판단을 낳는다. 이 우언은「칼을 강물에 떨어뜨리자 뱃전에 그 자리를 표시(表示)했다가 나중에 그 칼을 찾으려 한다」는 뜻으로, 초나라 사람이 바로 이런 잘못된 판단을 저지른 것은 판단력(判斷力)이 둔하여 융통성(融通性)이 없고 세상 일에 어둡고 어리석었기 때문이다.

黎丘奇鬼

【原文】

梁北有黎丘部, 有奇鬼焉, 喜效人之子侄昆弟之狀. 邑丈人有之市而醉歸者, 黎丘之鬼, 效其子之狀, 扶而道苦之. 丈人歸, 酒醒而誚其子, 曰 : "吾爲汝父也, 豈謂不慈哉? 我醉, 汝道苦我何故?" 其子泣而觸地, 曰 : "孽矣! 無此事也! 昔也, 往債于東邑人, 可問也." 其父信之, 曰 : "嘻! 是必夫奇鬼也, 我固嘗聞之矣!" 明日, 端復飮于市, 欲遇而刺殺之. 明旦之市而醉, 其眞子恐其父之不能返也, 遂逝迎之. 丈人望其眞子, 拔劍而刺之. 丈人智惑于似其子也, 而殺其眞子. 夫惑于似士者, 而失于眞士, 此黎丘丈人之智也.《呂氏春秋 · 疑似》

【注釋】

⑴ 梁(양) : 대량(大梁)으로, 전국시대 魏나라의 수도로 지금의 하남성(河南省) 개봉시(開封市) 서북쪽이다.
⑵ 部(부) : 언덕, 구릉.
⑶ 效(효) : 흉내내다. 모방하다. 效(효) : 본받다.
⑷ 昆弟(곤제) : 형제.
⑸ 丈人(장인) : 어른, 노인, 아내의 친정 아버지.
⑹ 扶(부) : 부축하다.
⑺ 道(도) : 도중에, 길에서.
⑻ 苦(고) : 괴롭히다.
⑼ 誚(초) : 꾸짖다, 나무라다.
⑽ 觸地(촉지) : 땅을 치다. 觸(촉) : 닿다, 접촉하다.
⑾ 孽(얼) : 불효하다, 억울하다, 원통하다.
⑿ 往債(왕채) : 빚을 독촉하러 가다. 債(채) : 빚.
⒀ 端(단) : 일부러, 고의로. 故(고)의 뜻이다
⒁ 逝(서) : 가다.
⒂ 似士(사사) : 사이비(似而非) 선비.

【번역문】

양나라의 북쪽에 여구 마을이 있는데, 그 곳에는 기이한 요괴가 있어서 사람의 아들이나 조카, 또는 형제의 모습으로 변모하기를 좋아하였다. (어느 날) 그 고

을에 사는 어르신이 나갔다가 술에 취하여 돌아오고 있었는데, 여구의 요괴가 그 사람의 아들의 모습으로 나타나, 술에 취한 아버지를 부축하면서 길에서 그 사람을 괴롭혔다. 그가 겨우 집으로 돌아와 술에서 깬 뒤에 자기 아들을 꾸짖기를 "나는 너의 아비다. 어찌 아비를 공경하지 않았느냐? 내가 술 취해있을 때 무슨 이유로 네가 길에서 그렇게 나를 괴롭혔느냐?" 하였다. 그 아들은 울면서 머리를 조아리며 말하기를 "제가 불효를 했다니요. 저는 그런 일이 없습니다. 어젯밤에 저는 동읍(東邑) 사람에게 빚 독촉하러 갔었습니다. 그 사람에게 물어보십십시오."라고 하였다. 부친은 그 말을 믿으면서 "아아, 이것은 필시 저 요괴의 장난이겠구나. 내 일찍이 그런 이야기를 들었느니라."라고 하였다. 그 다음 날, 장에 나가 일부러 술을 마시고 돌아오다가 요괴를 만나면 칼로 찔러 죽이려고 하였다. 이윽고 다음 날 아침에 장에 가서 술을 마시고 취하였다. (집으로 돌아오는데) 그의 진짜 아들이 자기 아버지가 술에 취해서 제대로 집으로 돌아오지 못할 것이 걱정되어 아버지를 마중하러 갔다. 노인은 진짜 아들을 바라보고는 칼을 빼들고 찔렀다. 그 어르신의 지혜라는 것은 자기 아들의 모습과 같다는 것에 미혹되어 자기의 진짜 아들을 죽인 것이다. 대저 선비인 것 같은 자에게 미혹되어 진짜 선비를 잃는 것은 이 여구 노인의 지혜인 것이다.

【보충설명】

겉모습이 비슷한 경우에는 깊이 고찰하고 세심하게 분석해야만 그 진위를 가릴 수 있는 것이다. 그렇지 않으면 겉모습에 속아 여구(黎丘)의 장인 같은 실수를 저질러서 돌이킬 수 없는 결과가 생길 수 있다는 우언이다. '여구기귀(黎丘奇鬼)'는 여구(黎丘)의 기이한 귀신을 일컫는 말로, 여구의 장인처럼 허상에 갇혀 진실을 살피지 못하고 잘못에 빠진 사람을 비유하는 말로 쓰인다.

【戰國策】

전국책(戰國策)은 中國 전한 시대의 유향(劉向)이 戰國時代(기원전 475~222)의 수많은 제후국 전략가들의 정치, 군사, 외교 등 책략을 모아 정리한 자료이다. 전국책(戰國策)의 내용은 왕 중심 이야기가 아니고, 책사(策士), 모사(謀士), 설객(說客)들이 온갖 꾀를 부린 이야기가 대부분이다. 전국시대에는 이른바 전국칠웅(戰國七雄)인 진(秦), 초(楚), 연(燕), 제(齊), 조(趙), 위(魏), 한(韓)을 중심으로 그 외에 작은 소제후국들이 많았다.《전국책(戰國策)》은 유창한 말과 매우 논리적인 필체로 쓰인 우수한 역사 산문집이다.

畵蛇添足(蛇足)

【原文】

楚有祠者, 賜其舍人巵酒. 舍人相謂曰, "數人飮之不足, 一人飮之有餘. 請畫地爲蛇, 先成者飮酒." 一人蛇先成, 引酒且飮之, 乃左手持巵, 右手畫蛇曰 : "吾能爲之足." 未成, 一人之蛇成, 奪其巵曰, "蛇固無足, 子安能爲之足!" 遂飮其酒. 為蛇足者, 終亡其酒.《戰國策 · 齊策二》

【注釋】

⑴ 祠(사) : 祭祀(제사)
⑵ 祠者(사자) : 제사를 주관하는 관원.
⑶ 舍人(사인) : 문하인
⑷ 卮(치) : 술잔
⑸ 相謂(상위) : ~에 대해 서로 상의한다.
⑹ 請畫地爲蛇(청화지위사) : 땅에 뱀을 그린다. 畫地(화지) : 땅(바닥)에 그리다 爲蛇(위사) : 뱀 그림이 되다, 뱀을 그리다
⑺ 蛇固無足(사고무족) : 뱀은 원래 발이 없다
⑻ 安能(안능) : 어떻게 ~할 수 있는가?
⑼ 爲之足(위지족) : 발을 그려준다

【번역문】

초나라에 제사를 주관하는 사람이 있었는데, 술 한 잔을 문하인(門下人)에게 주었다. 문하인들이 상의하기를 "이 술은 여럿이 마시기에는 부족하고, 혼자 마시면 남는 양입니다. 각자 땅 위에 뱀을 그려 먼저 그린 사람이 이 술을 마시기로 하시지요"라고 말했다. 한 사람이 먼저 뱀을 그렸는데, 술병을 들고 마시려고 하면서 왼손에는 술잔을 들고 오른손으로 뱀을 그리며 "나는 뱀의 발도 그릴 수 있다"라고 말했다. 그가 뱀의 발을 다 그리지 못했는데, 한 사람이 뱀을 완성했다. 그의 술잔을 빼앗으며 "뱀은 원래 발이 없는데, 그대는 어떻게 발을 그릴 수 있단 말인가!"라고 말했다. 마침내 그는 그 술을 마셔버렸다. 뱀에게 발을 그리려던 사람은 결국 술을 마시지 못했다.

【보충설명】

이 사족(蛇足)이라는 우언(寓言)은 어떤 일을 처리할 때 반드시 구체적인 요구와 명확한 목표를 뚜렷이 세워 굳센 의지로 그것을 추구하고 완성해야 한다는 것을

깨우쳐주고 있다. 자기가 옳다고 생각하며 승리감에 취해 자기 자랑하기를 좋아하면 종종 맹목적인 낙관주의에 빠져 우를 범하게 된다. 이렇게 쓸데없는 짓이나 괜한 일을 하면 이득이 없을 뿐만 아니라 오히려 부당한 대우를 받게 된다는 교훈을 준다.

狐假虎威

【原文】

虎求百獸而食之, 得狐. 狐曰 : "子無敢食我也! 天帝使我長百獸, 今子食我, 是逆天帝命也. 子以我爲不信, 吾爲子先行, 子隨我後, 觀百獸之見我而敢不走乎?" 虎以爲然, 故遂與之行, 獸見之皆走. 虎不知獸畏己而走也, 以爲畏狐也.《戰國策 · 楚策一》

【注釋】

⑴ 百獸(백수) : 온갖 들짐승
⑵ 狐(호) : 여우
⑶ 天帝(천제) : 하나님
⑷ 長(장) : 우두머리가 되게 하다.
⑸ 逆(역) : 어기다
⑹ 以~爲~ : ~을 ~로 여기다
⑺ 虎以爲然(호이위연) : 호랑이가 그렇다고 생각하다.

【번역문】

호랑이는 온갖 들짐승을 잡아먹다가, 여우를 잡았다. 여우는 "호랑이 너는 감히 나를 잡아먹지 못할 것이다. 하나님이 나를 백수의 우두머리로 삼았으니, 지금 그대가 나를 잡아먹는 것은 하나님의 뜻을 거역하는 것이다. 네가 나를 못 믿겠거든, 내가 네 앞서 갈테니 너는 내 뒤를 따라오면서 온갖 짐승들이 나를 보고도 감히 도망가지 않는가를 살펴봐라" 호랑이도 그렇다고 생각하고, 여우와 함께 가니 온갖 동물들이 그 호랑이를 보고 모두 도망갔다. 호랑이는 동물들이 자기를 무서워해서 도망가는 줄도 모르고, 여우를 무서워서 도망간 것이라고 생각했다.

【보충설명】

교활한 여우가 호랑이의 위세를 등에 업고 숲속에서 다른 동물들을 위협하는 내용의 우언이다. 다른 사람의 세력을 등에 업고 사람들을 억압하거나, 남의 위세를 믿고 잘난 척하는 사람들을 비유하거나 풍자하고 있다. 또 다른 사람에게 이용당하고서도 그 사실조차도 모르는 어리석은 사람을 조롱하기도 한다. 이 우언은 어떤 사람이나 사건의 외부 요소만을 파악하고 그 본성이나 진실을 간과하게 되면 호가호위(虎假虎威)식의 사고방식을 가진 사람에게 속기 쉽다는 교훈을 주고 있다.

三人成虎

【原文】

龐恭與太子質於邯鄲, 謂魏王曰 : "今一人言市有虎, 王信之乎?" 王曰 : "否." "二人言市有虎, 王信之乎?" 王曰 : "寡人疑之矣." "三人言市有虎, 王信之乎?" 王曰 : "寡人信之矣." 龐恭曰 : "夫市之無虎明矣, 然而三人言而成虎. 今邯鄲去大梁也遠於市, 而議臣者過於三人矣. 願王察之矣." 王曰 : "寡人自爲知." 於是辭行, 而讒言先至. 後太子罷質, 果不得見. 西漢 · 劉向《戰國策 · 魏策二》

【注釋】

(1) 龐恭(방공) : 위(魏)나라의 대신
(2) 質(질) : 인질, 사람을 볼모로 잡다
(3) 邯鄲(한단) : 조나라 도시
(4) 市(시) : 시장, 장터
(5) 之(지) : 대명사로, 시유호(市有虎)를 가리킴
(6) 信(신) : 믿는다
(7) 夫(부) : 어투사로 문장의 처음에 사용
(8) 明(명) : 알다
(9) 議臣者(의신자) : 나를 논하는 사람
(10) 察(찰) : 자세히 살피다
(11) 讒言(참언) : 헐뜯는 말

【번역문】

위(魏) 나라의 대신 방공은 태자와 함께 조(趙) 나라의 한단(邯鄲)으로 인질로 가게 되었다. 방공은 왕에게 여쭙기를 "한 사람이 시장에 호랑이가 있다고 말하면, 왕은 그것을 믿겠습니까?" 왕은 "믿지 않는다."고 말했다. (방공은) "(만약) 두 사람이 시장에 호랑이가 있다고 말하면, 왕은 그것을 믿겠습니까?"라고 물었다. 왕은 "의심해보겠다."라고 말했다. (방공이) "세 사람이 시장에 호랑이가 있다고 말하면 왕은 그것을 믿겠습니까?"라고 물었다. 왕은 "과인은 그것을 믿는다."라고 말했다. 방공이 말하기를 "시장에 호랑이가 없는 것은 분명합니다. 그렇지만 세 사람이 말하게 되면 호랑이가 있는 것으로 되는 것입니다. 이제 한단(邯鄲)은 대량(大梁)으로 가는 길이 시장보다 먼 곳입니다. 게다가 저를 논의하는 사람은 3명보다

더 많습니다. 원하옵건데, 왕께서는 그런 점을 잘 살펴보시기 바랍니다."라고 했다. 王은 "寡人이 알았다"고 말했다. 그래서 떠났는데 讒言(헐뜯는 말)이 먼저 도착했다. 후에 태자(太子)는 인질이 끝났지만 결국 방공은 왕을 알현하지 못했다.

【보충설명】

이 우언은 세 사람이 호랑이를 만든다는 이야기로, 아무리 거짓말이라고 하더라도 여러 사람이 여러 번 반복해서 같은 말을 하다 보면, 그 말을 듣는 사람들은 그 거짓말을 참말로 믿을 수밖에 없다는 것을 시사하고 있다. 이런 일은 실생활에서 매우 보편적인 현상으로, 제대로 지혜롭게 분별하지 못하고 거짓말을 경솔하게 믿으면 사람들이 큰 실수를 저지를 수밖에 없다는 교훈을 알려주고 있다.

鷸蚌相持(蚌鷸相爭 : 漁父之利)

【原文】

趙且伐燕, 蘇代爲燕謂惠王曰, "今者臣來, 過易水, 蚌方出曝, 而鷸啄其肉, 蚌合而拑其喙." 鷸曰 : "今日不兩, 明日不兩, 卽有死蚌." 蚌亦謂鷸曰 : "今日不出, 明日不出, 卽有死鷸." 兩者不肯相捨, 漁者得而並擒之. 今趙且伐燕, 燕 · 趙久相支, 以弊大衆, 臣恐强秦之爲漁父也. 故願王熟計之也." 惠王曰 : "善" 乃止. 西漢 · 劉向《戰國策 · 燕策二》

【注釋】

⑴ 趙(조) : 국명(國名)으로, 하북성(河北省) 한단시(邯鄲市)에 도성이 있다.
⑵ 且(차) : 장차.
⑶ 燕(연) : 국명(國名)으로, 북경시에 도성이 있다.
⑷ 蘇代(소대) : 전국시대의 유명한 유세가(遊說家)로, 종횡가(縱橫家)의 주요 인물인 소진(蘇秦)의 동생이다.
⑸ 惠王(혜왕) : 趙나라 혜문왕(惠文王) 조하(趙何)를 가리킴.
⑹ 相支(상지) : 대치(對峙)하다. 支(지) : 버티다.
⑺ 熟計(숙계) : 신중하게 고려하다.
⑻ 易水(역수) : 지금의 하북성 경내에 있다.
⑼ 蚌(방) : 조개 鷸(휼) : 도요새
⑽ 啄(탁) : 쪼다 拑(겸) : 입을 다물다 喙(훼) : 부리 捨(사) : 버리다
⑾ 曝(폭) : 햇볕을 쬐다. 曝(폭) : 쬐다.
⑿ 舍(사) : 놓아주다. 捨(사)의 의미이다.

【번역문】

조나라가 장차 연나라를 치려 하자, 소대(蘇代)가 연나라를 위하여 조나라 혜왕(惠王)에게 말하기를 "지금 신이 오면서 역수(易水)를 지나치는데, 조개가 바야흐로 햇볕을 쬐러 나왔는데 도요새가 그 살을 쪼니, 조개가 입을 다물어 그 부리를 물었습니다."라고 했다. 도요새가 말하기를 "오늘 비가 오지 않고 내일 비가 오지 않으면, 곧 조개를 죽일 수 있을 것이다."라고 하였다. 조개 또한 도요새에게 말하기를 "오늘 나가지 못하고 내일도 나가지 못하면, 곧 죽은 도요새가 있을 것이다."라고 하였다. 둘은 서로 기꺼이 놓아주지 않고 있었는데, 어부가 그 두 마리를 동시에 사로잡았다. 지금 조나라가 장차 연나라를 치려고 하는데, 연나라와 조나라가 오래 대치하여 많은 사람들이 다치게 되면, 신은 강한 진나라가 어부가 될까 두렵습니다. 그러므로 바라옵건대 왕께서는 심사숙고하여 주십시오."라고 말하였다. 혜왕(惠王)이 말하기를 "좋다."라고 하며, 즉시 중지시켰다.

【보충설명】

조나라 혜왕(趙惠王)이 연나라를 공격하려고 할 때, 조나라의 소대(蘇代)가 연나라와 조나라를 위해 혜왕(惠王)을 설득하기 위해서 이 寓言을 이야기했다. 만약 조나라가 연나라를 공격하게 되면, 연나라는 당연히 강력하게 저항하며 오랫동안 전쟁을 하게 될 것이다. 그렇게 되면 강대한 진나라가 어부지리(漁父之利)의 어부가 되어 별다른 힘도 들이지 않고 실리를 챙기게 될 것은 분명하다. 소대(蘇代)의 설득력 있는 이 우언 덕분에 조나라 혜왕(惠王)은 연나라와 전쟁을 일으키지 않아서 자기 나라의 국방도 지킬 수 있게 되었다.

【禮記】

중국 고대의 예(禮)에 관한 기술과 해설을 담고 있는 책으로 유학의 5대 경전 중의 하나이다. 사서(四書)의 ≪대학(大學)≫과 ≪중용(中庸)≫은 원래 이 책에 포함되어 있었는데, 주자가 별도로 독립시켜서 사서에 편입시켰다. 본래는 전한(前漢) 때부터 경전('經')의 지위를 얻은 ≪의례(儀禮)≫에 대한 참고 자료로서의「기(記)」, 즉 ≪의례≫의 경문(經文)에 대한 해석과 설명 그리고 보충 자료의 형태로 시작되었다. 이러한「기(記)」가 후대에 이르러 그 양이 점점 많아지고, 여러 형태의 선집본으로 편집되어 유전되어 오다가, 후한(後漢) 중기에 이르러서는 85편본과 49편본으로 된 두 가지 판본이 형성되었다.

苛政猛於虎

【原文】

孔子過泰山側, 有婦人哭於墓者而哀. 夫子式而聽之, 使子路問之曰 : "子之哭也, 壹似重有憂者." 而曰 : "然. 昔者吾舅死於虎, 吾夫又死焉, 今吾子又死焉." 夫子曰 : "何爲不去也?" 曰 : "無苛政." 夫子曰 : "小子識之, 苛政猛於虎."《禮記 · 檀弓下》

【注釋】

⑴ 子路(자로) : 공자의 제자
⑵ 過(과) : 지나가다
⑶ 哀(애) : 슬프다
⑷ 式(식) : "軾" 자와 동일하나
⑸ 夫子式而聽之(부자식이청지) : 부자(夫子)는 옛날 스승에 대한 호칭으로, 공자를 가리킨다. 式 : '軾'자와 통용되는데 수레 앞의 손잡이인 횡목으로, 소식(수레 앞의 횡목)을 부축한다는 뜻이다.
⑹ 使(사) : 파견하다
⑺ 重有憂(중유우) : 연이어 몇 가지 슬픈 일이 있다
⑻ 然(연) : 그렇다
⑼ 舅(구) : 시아버지
⑽ 焉(언) : 여기에
⑾ 去(거) : 떠나가다
⑿ 苛政(가정) : 가혹한 정치
⒀ 小子(소자) : 여기서는 공자의 제자
⒁ 識(식) : 명심하다
⒂ 於(어) : 비교격 조사

【번역문】

공자가 태산 옆을 지나가는데, 어떤 부인이 무덤에서 울면서 슬퍼하고 있었다. 공자가 수레 앞판을 잡고 들으면서, 자로에게 그녀한테 (가서)물어보라고 했다. "그대가 우는 것은 정말 겹친 불행이 있는 것 같은데요" 바로 말하기를 "그렇습니다. 옛날에는 시아버지가 호랑이에게 죽었고, 또 남편도 여기에서 죽었고, 오늘 내 아들도 또 여기에서 죽었습니다. 공자가 "왜 여기를 떠나지 않습니까?"라고 물었다. 그녀는 "(왜냐하면) 여기에는 가혹한 정치가 없기 때문입니다"라고 대답했다. 공자는 "자로는 잔인한 정치가 호랑이보다 더 무섭다는 것을 명심하여라"고 말했다.

【보충설명】

이 글은 사실적인 기록으로, 학정(虐政)의 잔혹함을 맹호(猛虎)와 절묘하게 대비시켜서 봉건 통치자의 폭정과 잔학함을 신랄하게 폭로하고 있다. 시아버지, 남편, 아들 삼대가 호랑이에게 물려 죽은 것이 마음 아프고 안타깝다. 서글픈 그 부인의 말은 인정(仁政)이 없는 위정자들의 잔학함을 피눈물로 고발한 것이다. 공자는 덕치(德治)와 위정이덕(爲政以德)을 주장했고, 맹자는 인정(仁政)을 강조했는데, 둘 다 유가의 정치적 주장을 표현한 것이다.

不食嗟來

【原文】

齊大饑, 黔敖爲食於路, 以待飢者而食之. 有餓者, 蒙袂輯屨, 貿貿然來. 黔敖左奉食, 右執飮, 曰 : "嗟 ! 來食 ! " 揚其目而視之, 曰 : "予唯不食嗟來之食, 以至於斯也 ! " 從而謝焉, 終不食而死.
《禮記 · 檀弓下》

【注釋】

(1) 黔敖(검오) : 제나라의 재력가
(2) 蒙袂(몽결) : 옷 소매로 얼굴을 가리다
(3) 輯屨(집루) : 끈으로 낡은 신을 묶다
(4) 貿貿然(무무연) : 혼미(昏迷)한 상태
(5) 奉(봉) : 捧(받들어 모시다)
(6) 執(집) : 집다
(7) 嗟(차) : 경멸 섞인 외침과 어투
(8) 斯(사) : 이 지경
(9) 從而謝焉(종이사언) : 따라서 사죄하다.

【번역문】

제나라에 큰 기근이 들었는데, 검오(黔敖)는 길가에서 식사를 준비하여 배고픈 자를 기다려 그들을 먹였다. 배고픈 사람이 옷 소매로 얼굴을 가리고, 낡은 신발을 신고 혼미한 상태로 걸어왔다. 黔敖는 왼손으로 음식을 들고, 오른손으로 마실 것을 잡고 외치기를 "자, 먹어라 ! " 그 사람이 고개를 들고 그를 보며 말하기

를 : "내가 이런 '자, 먹어라'라는 음식을 먹지 (남을 업신여기며 던져주는 음식) 않았기 때문에 이런 지경에 이르게 되었습니다." 검오(黔敖)는 사죄하였으나, 그는 결국 먹지 않고 죽었다.

【보충설명】

'불식차래지식(不食嗟來之食)'이란 명언은 사람은 아무리 미천한 자일지라도 기개(氣氣)가 있어서 굶어죽더라도 모욕적인 베품은 받아들이지 않는다는 뜻이다. 그 굶주린 사람이 검오(黔敖)의 음식을 먹지 않는 것은 검오가 가난한 사람을 업신여기며 모욕적인 어투로 말했기 때문이다. 중국 전통은 특히 기개가 있어야 한다는 것을 중시하며, 사람이 숨이 찰 정도로 고생하더라도 그 기개를 보존해야 한다고 한다.

【春秋左氏傳】

공자(孔子)의《춘추(春秋)》를 노(魯)나라 좌구명(左丘明)이 해석한 책이다. 좌씨춘추(左氏春秋) 또는 좌전(左傳)이라고도 한다. B. C 722년~B. C 481년 사이의 역사를 다룬 것으로《국어(國語)》의 자매편이다.《春秋》와는 전혀 성질이 다른 별개의 저서로《공양전(公羊傳)》,《곡량전(穀梁傳)》과 함께 3전(三傳)의 하나이다. 원본은 전국시대에 편찬되었으나, 현존하는 것은 전한(前漢)의 유흠(劉歆) 일파가 편찬한 것이다. 이 책은 경문에서 독립된 역사적인 이야기와 문장의 교묘함, 인물묘사의 정교함 등에서 문학작품으로 우월하여 고전의 모범이라 할 수 있다.

結草報恩

【原文】

魏顆敗秦師于輔氏, 獲杜回, 秦之力人也. 初, 魏武子有嬖妾, 無子. 武子疾, 命顆曰 : "必嫁是." 疾病, 則曰 : "必以爲殉." 及卒, 顆嫁之, 曰 : "疾病則亂, 吾從其治也." 及輔氏之役, 顆見老人, 結草以亢杜回. 杜回躓而顚, 故獲之. 夜夢之曰 : "余, 而所嫁婦人之父也. 爾用先人之治命, 余是以報."《左傳 · 宣公十五年》

【注釋】

⑴ 魏顆(위과) : 춘추시대 진(晉)나라의 귀족.
⑵ 秦師(진사) : 秦나라의 군대. 진(秦)도성은 지금의 섬서성 봉상현(鳳翔縣)에 있다.
⑶ 杜回(두회) : 진(秦)의 장군.
⑷ 力人(역사) : 힘이 썬 사람, 장사(壯士)의 의미이다.
⑸ 魏武子(위무자) : 위주(魏犨)로 위고(魏顆)의 부친이다.
⑹ 嬖妾(폐첩) : 총애하는 첩. 嬖(폐) : 사랑하다.
⑺ 殉(순) : 순장하다.
⑻ 亂(난) : 정신이 혼란스럽다. 정신이 오락가락하다.
⑼ 治(치) : 죽을 무렵에 맑은 정신으로 하는 유언. 치명(治命)과 같은 의미이다.
⑽ 役(역) : 전역(戰役), 전쟁.
⑾ 亢(항) : 막다, 저지하다. 항(抗)의 의미이다.
⑿ 躓(지) : 발이 걸려 넘어지다.
⒀ 夢之(몽지) : 꿈에 나타나다.
⒁ 而(이) : 너. 이(爾)와 같은 의미이다.
⒂ 先人(선인) : 돌아가신 아버지.

【번역문】

위과(魏顆)는 진(秦)의 군대를 보씨(輔氏)에서 격파하고 두회를 사로잡았는데, 두회는 진(秦)나라의 역사(力士)였다. 이전에 위무자(魏武子)에게 애첩이 있었는데 자식이 없었다. 위무자(魏武子)가 병이 들자 그의 아들 위과(魏顆)에게 명하여 말하기를 "내가 죽으면 이 여자를 시집보내라"고 하였었는데, 위무자(魏武子)가 병이 심해지자 "나와 함께 순장하라"고 하였다. 그러나 아버지 위무자(魏武子)가 죽자 위과(魏顆)는 그 여자를 시집보내고 말하기를 "병이 심할 때는 정신이 어지러운 법이니, 나는 아버지가 병이 심하지 않았을 때 하신 말씀을 따른다."라고 하였다. 그런데 보씨(輔氏)의 전투에서 위과(魏顆)는 한 노인을 보았는데, 그 노인이 풀을 엮어 묶어서 두회(杜回)를 막아 내는 것을 보았다. 두회(杜回)가 거기에 걸려 넘어졌기 때문에 위과(魏顆)는 그를 사로잡을 수 있었다. 그날 밤 그의 꿈속에 그 노인이 나타나 말하기를 "나는 당신이 시집보낸 여자의 아버지입니다. 당신이 선친의 올바른 명령에 따랐기 때문에 내가 이로써 보답한 것이다."라고 하였다.

【보충설명】

이 寓言은'풀을 묶어서 은혜를 갚는다'는 뜻으로, 사람은 죽어서라도 받은 은혜를 잊지 않고 반드시 갚는다는 말이다. 진(晉)나라 위무자(魏武子)의 아들 위과(魏顆)가 병으로 누워계신 아버지의 첫 번째 유언대로 아버지의 애첩을 재가시켰다. 그 후 진(秦)나라가 진(晉)나라를 쳐들어왔는데, 위과(魏顆)가 전쟁터에서 적장 두회(杜回)를 잡으려고 뒤쫓을 때 이 애첩의 죽은 아버지의 혼이 무덤가의 풀을 묶어서 도망가는 적장 두회(杜回)를 넘어뜨려 붙잡히게 해서 위과가 그의 딸에게 베푼 은혜를 갚았다는 이야기이다.

【新語】

전한(前漢)의 유학자 육가(陸賈)가 쓴 한(漢) 나라의 정치 이론서이다. 육가가 지은《신어(新語)》는 한(漢)나라 고조(高祖) 유방(劉邦)을 위해 진(秦)나라가 망한 까닭과 한 나라가 중국을 통일할 수 있었던 이유, 역사적으로 성공하고 실패한 나라들에 관해 저술한 책이다. 전대의 경험을 집대성하여 정권의 장기적인 안정책을 도모하고자 하는 의도에서 쓰인 책으로 도기(道基) · 술사(術事) · 보정(輔政) · 무위(無爲) · 변혹(辨惑) · 신미(愼微) · 자집(資執) · 지덕(至德) · 회려(懷慮) · 본행(本行) · 명계(明誡) · 사무(思務) 등 12편으로 구성되어 있다.

指鹿爲馬

【原文】

秦二世之時, 趙高駕鹿而從行. 王曰 : “丞相何爲駕鹿?” 高曰 : “馬也.” 王曰 : “丞相誤也, 以鹿爲馬.” 高曰 : “陛下以臣言不然, 願問群臣.” 於是乃問群臣, 群臣半言鹿, 半言馬. 當此之時, 秦王不能自信其目, 而從邪臣之說.《新語 · 辨惑》

【注釋】

⑴ 二世(이세) : 진(秦) 나라 2세 황제 호해(胡亥)

⑵ 趙高(조고) : 진(秦)나라 때의 환관(宦官)으로, 진시황(秦始皇)이 죽은 뒤 후계(後繼)를 세울 때, 조서를 거짓 꾸며 시황제(始皇帝)의 장자(長子) 부소(扶蘇)를 죽이고 우둔(愚鈍)한 호해(胡亥)를 제2세 황제(黃帝)로 즉위(卽位)시켰다. 또한 이사(李斯)를 죽이고 정승(政丞)

이 되어 온갖 횡포(橫暴)를 저질렀다.
⑶ 駕鹿(가록) : 사슴을 타다
⑷ 從行(종행) : 二世의 출행을 따라가다.
⑸ 誤(오) : 틀리다
⑹ 以A爲B : A를 B로 여기다
⑺ 自信(자신) : 자기를 믿다

【번역문】

진시황 2세 때에 조고(趙高)가 사슴을 타고 (황제의) 출행을 따라갔다. 왕이 말하기를 "승상은 왜 사슴을 타고 다니느냐"라고 했다. 조고는 "말입니다!"라고 말했다. 2세가 "승상이 틀렸다. 사슴을 말이라고 하는구나." 조고가 말하기를 : (만약) 폐하께서 제 말이 틀렸다고 생각하신다면 군신들에게 물어보시기 바랍니다"라고 했다. 그래서 곧 군신에게 물어보니, 신하들의 절반은 사슴이라 하고, 절반은 말이라고 했다. 이런 때를 당하여 진왕(秦王)은 자기의 눈을 믿지 못하고, 간사한 신하의 의견을 따를 수밖에 없었다.

【보충설명】

이 황당한 이야기는 중국의 역사적인 사실에 근거한 우언이다. 이 이야기의 저자인 육가(陸賈)는 그의 저서 ≪신어(新語)≫에서 "진왕(秦王)은 자신의 눈을 믿을 수 없어서 간신 조고(趙高)의 말을 따랐다"라고 말하고 있다. 이 이야기는 음험한 조고(趙高)가 그의 권력을 이용해서 흑백(黑白)과 시비(是非)를 전도(顚倒)하고 있는 내용으로, 역사상 잔혹하고 난폭한 독재자의 행태가 다 이와 같았다.

【淮南子】

전한의 한고조 유방(劉邦)의 손자, 유장의 아들 유안(劉安)이 편찬한 21편의 책이다. 유안(劉安)은 막하에 많은 문인과 학자들을 거느렸는데, 본서는 도가의 도(道)의 사상을 핵심으로 그들이 보유한 해박한 지식을 널리 결집해서 편찬한 것이다. 원래는 ≪내서(內書)≫라고 하고, ≪홍렬(鴻烈)≫이라고도 불렸다. 그 내용은 『노자』의'도'와 『장자』의'진(眞)'의 사상을 기초로 한 현실 세계의 근원을 논하는〈원도(原道)〉와〈숙진〉 2편으로 시작된다. 이어서 그 근원에서 현실 세계가 형성되어 변화하는 과정을 천인상관설(天人相關說)과 음양오행설(陰陽五行說)의 이론에 의거하여 논한〈천문〉,〈지형〉,〈시칙〉3편이 있다. 현실세계의 양상을 논하며 도가사상을 기조로, 유가와 법가를 비롯한 제자백가의 사상을 인용하고, 다양한 논증을 통해서 폭넓게 이론을 개괄했다.

塞翁失馬(塞翁之馬, 轉禍爲福)

【原文】

近塞上之人有善術者. 馬無故亡而入胡, 人皆弔之. 其父曰 : "此何遽不能爲福乎?" 居數月, 其馬將胡駿馬而歸, 人皆賀之. 其父曰 : "此何遽不能爲禍乎?" 家富良馬, 其子好騎, 墮而折其髀, 人皆弔之, 其父曰 : "此何遽不爲福乎?" 居一年, 胡人大入塞, 丁壯者引弦而戰, 近塞之人, 死者十九, 此獨以跛之故, 父子相保.《淮南子 · 人間》

【注釋】

⑴ 塞上(새상) : 塞(새), 변방
⑵ 善術者(선술자) : 術法에 능한 사람. 善(선) : 잘하다.
⑶ 胡(호) : 胡人(호인)이 거주하는 지역
⑷ 故(고) : 까닭
⑸ 亡(망) : 도망가다
⑹ 弔(조) : 위로하다
⑺ 何遽(하거) : 어떻게, 어째서
⑻ 居(거) : 지나다
⑼ 將(장) : 이끌다
⑽ 家富良馬(가부양마) : 집에 좋은 말이 많다.
⑾ 十九(십구) : 열에 아홉
⑿ 好(호) : 좋아하다
⒀ 墮(타) : 떨어지다
⒁ 髀(비) : 대퇴골
⒂ 大(대) : 대거
⒃ 引弦(인현) : 활을 당기며
⒄ 跛(파) : 절뚝거리다
⒅ 保(보) : 보전하다

【번역문】

국경 근방에 術法에 능한 사람이 있었다. 말이 아무 까닭 없이 사라져 오랑캐 땅으로 갔다. 이에 사람들이 위로하자 노인은 "이것이 어떻게 복이 되지 않겠는가?"라고 말했다. 수개월 지나 그 말이 오랑캐 땅의 준마를 이끌고 돌아왔다. 사람들이 모두 그를 축하하였다. 그 노인이 "이것이 어찌 화가 되지 않겠는가?"라고 말했다. 집에 좋은 말이 많으니 그 아들이 말타기를 좋아했는데, 떨어져 넓적다리가 부러졌다. 사람들이 위로하자, 노인은 "이것이 어찌 복이 되지 않겠는가?"라고 말했다. 일 년이 지나서 오랑캐가 크게 침입해 들어왔는데, 젊은이들이 활을 당기며 전쟁을 하게 되었다. 변방 근방의 사람들은 죽은 사람이 열에 아홉이었다. (그 노인의 아들이) 홀로 다리가 부러진 까닭으로 부자(父子)가 생명을 보전할 수 있었다.

【보충설명】

'새옹지마(塞翁失馬)'는《회남자 · 인간(淮南子 · 人間)》에 실려 있는 고사성어로 인생사는 福이 禍가 되기도 하고, 禍가 福이 되기도 해서 지극히 심오해서 예측하거나 짐작할 수 없음을 비유하고 있다.

이 새옹지마(塞翁之馬) 고사(故事)는 천 년 동안 민간에 전해져 왔다. 복이 닥치든 화가 닥치든 마음을 다스려야 하고, 시간과 공간을 초월해서 문제를 잘 관찰해야 하며, 사물이나 사건이 극단적으로 변할 수 있다는 점을 깨닫게 해준다.

【新序、說苑】

新序、說苑은 서한(西漢)의 유향(劉向)이 지은 것이다. 유향(기원전77-기원전6)의 본명은 갱생(更生)이고, 字는 자정(子政)이며, 한고조(漢高祖)의 동생 초원왕(楚元王) 유교(劉交)의 4세손(世孫)이다. 선제(宣帝) 때는 산기연의대부(散騎練議大夫)를 지냈고, 성제(成帝)가 즉위하자 이름을 유향(劉向)으로 개명하고 광록대부(光祿大夫)에 임명되어 교서천록각(校書天祿閣)에서 경전, 제자백가, 시부를 교열하며, 별록(別錄)을 편찬하는 것을 담당했다. 선진 시기의 고적류 정리에 많은 기여를 했다. 당시 편찬한 별록(別錄)은 중국 첫 번째 도서 목록이다.

埋兩頭蛇

【原文】

孫叔敖為嬰兒之時, 出遊, 見兩頭蛇, 殺而埋之, 歸而泣. 其母問其故, 叔敖對曰 : "聞見兩頭之蛇者死, 向者吾見之, 恐去母而死也." 其母曰 : "蛇今安在 ?" 曰 : "恐他人又見, 殺而埋之矣." 其母曰 : "吾聞有陰德者天報以福, 汝不死也." 及長, 為楚令尹, 未治而國人信其仁也.《新序 · 雜事一》

【注釋】

⑴ 孫叔敖(손숙오) : 초(楚) 장왕(莊王) 때의 유명한 정치가
⑵ 嬰兒(영아) : 어린 아이
⑶ 埋(매) : 매장하다
⑷ 向者(향자) : 방금
⑸ 安(안) : 어디
⑸ 去母(거모) : 어머니와 이별하다
⑹ 令尹(영윤) : 춘추(春秋) 시대 초(楚)나라의 집정관(執政官)
⑺ 未治(미치) : (일부러) 정치하지 않다

【번역문】

손숙오(孫叔敖)가 어렸을 때 밖에 나가 놀다가 머라 둘 달린 뱀을 보고, (그 뱀을) 죽여 땅에 묻고는 집으로 돌아와 울었다. 그의 어머니가 까닭을 물으니, 叔敖가 대답하여 말하기를 "머리가 둘 달린 뱀을 본 사람은 죽는다고 들었는데, 방금 내가 그 뱀을 보았으니 어머니를 떠나 죽을까 두렵습니다."라고 했다. 그 어머니가 말하기를 "뱀이 지금 어디에 있느냐?" 하고 물으니, 말하기를 "다른 사람이 볼까

걱정되어 죽여 땅에 묻었습니다."라고 했다. 그 어머니가 말하기를 "음덕(陰德)이 있는 사람은 하늘이 복으로 보답한다고 들었는데, 너는 죽지 않을 것이다."라고 했다. 숙오가 성장하여, 초(楚)나라의 영윤(令尹)이 되어 그가 施政하지 않아도 사람들은 그의 仁德을 信服했다.

【보충설명】

이 우언은 양두사(兩頭蛇)를 본 사람은 죽지만, 음덕을 쌓은 사람은 하늘이 복을 내려준다는 미신적인 성분이 포함되어 있는데, 것이다. 이 내용은 당시 사람들의 인식을 반영하고 있음을 알 수 있다.

螳螂捕蟬

【原文】

園中有樹, 其上有蟬, 蟬高居悲鳴飮露, 不知螳螂在其後也. 螳螂委身曲附欲取蟬, 而不知黃雀在其旁也. 黃雀延頸欲啄螳螂, 而不知彈丸在其下也. 此三者皆務欲得其前利, 而不顧其後之有患也!《說苑·正諫》

【注釋】

⑴ 蟬(선) : 매미
⑵ 螳螂(당랑) : 사마귀
⑶ 黃雀(황작) : 참새
⑷ 委身曲附(위신곡부) : 몸을 숨기다

(5) 彈丸(탄환) : 총알
(6) 務欲(무욕) : 힘써 하다
(7) 利(이) : 이익
(8) 患(환) : 근심

【번역문】

마당 가운데에 나무가 있는데, 그 나무 위에 매미가 있다. 매미는 높은 곳에 살면서 슬피 울며 이슬을 마시면서, 사마귀가 그 뒤에 (자신을 노리고) 있는지를 알지 못한다. 사마귀는 몸을 숨겨 매미를 잡아먹으려고 노리고 있지만, 참새가 그 옆에서 (자신을 노리고) 있는지를 알지 못한다. 참새는 목을 늘려 펴서 사마귀를 쪼아 먹으려 하지만, 총알이 밑에서(자기를 노리고) 있는지를 알지 못한다. 이 삼자(三者)는 모두 그 앞에 있는 이익을 얻으려고 힘쓰지만 그 뒤에 근심이 있다는 것을 생각하지 못한다!

【보충설명】

이 우언의 원문은 오왕(吳王)이 초를 공격하려 할 때 신하들이 반대하는 것을 묘사하고 있는 것이다. 오왕(吳王)이 자기 의견을 고집하자 젊은 문객이 이 우언(寓言)을 설파하며 오왕을 설복시켜 전쟁을 일으키지 못하게 했다. 이 우언은 후에 成語 "(당랑포선, 황작재후)螳螂捕蟬, 黃雀在後"가 되었다. 이 우언은 사마귀가 매미를 잡으려고 엿보는데 '참새가 자기 뒤에서 자기를 잡아먹으려고 하는 위험을 몰랐다'는 말로, 눈앞의 이익에 어두워 뒤에 숨은 후환을 생각하지 못하는 소견이 짧고 식견이 없는 사람들을 풍자한 것이다.

楚弓楚得

【原文】

楚共王出獵而遺其弓, 左右請求之. 共王曰 : "止 ! 楚人遺弓, 楚人得之, 又何求焉!"《說苑 · 至公》

【注釋】

⑴ 楚共王(초공왕) : 춘추(春秋) 시기 초나라 군주
⑵ 獵(렵) : 사냥
⑶ 遺(유) : 잃어버리다
⑷ 得(득) : 줍다
⑸ 求(구) : 찾다

【번역문】

초(楚)나라 공왕(共王)이 사냥에 나가서 화살을 잃어버렸는데, 좌우 신하들이 그것(화살)을 찾으려고 했다. 共王이 말하기를 "찾지 말아라. 楚나라 사람이 잃은 것은 楚나라 사람이 줍게 되어 있는데, 어찌하여 찾는가!"라고 했다.

【보충설명】

이 우언(寓言)은 비록 왕이라 할지라도 왕의 특권을 지나치게 내세우지 않고 신하들에게 수고로움을 끼치지 않으려고 하는 마음이 드러나 있다.

梟將東遷

【原文】

梟逢鳩. 鳩曰 : "子將安之?" 梟曰 : "我將東徙." 鳩曰 : "何故?" 梟曰 : "鄕人皆惡我鳴, 以故東徙." 鳩曰 : "子能更鳴, 可矣; 不能更鳴, 東徙, 猶惡子之聲."《說苑 · 談叢》

【注釋】

⑴ 梟(효) : 올빼미
⑵ 鳩(구) : 비둘기
⑶ 徙(사) : 이동하다
⑷ 惡(오) : 싫어하다
⑸ 更(갱) : 바꾸다

【번역문】

올빼미가 비둘기를 만났다. 비둘기가 말하기를 "그대는 장차 어디로 가려고 하느냐?" 올빼미가 말하기를 "동쪽으로 옮겨가려고 합니다." 비둘기가 말하기를 "무엇 때문에요?" 올빼미가 말하기를 "동네 사람들이 다 내가 우는소리를 싫어하여 동쪽으로 옮길려고 한다." 비둘기가 말하기를 "그대가 소리를 바꿀 수 있다면 괜찮은데, (우는 소리를) 바꾸지 못한다면 동쪽으로 이동해도 여전히 그대의 소리를 싫어할 것입니다."

【보충설명】

자기의 결점을 알고도 고치지 못하면 오히려 주위 사람들의 지적을 더 받게 된다. 설령 본인이 처한 장소를 바꾼다 해도 이런 문제는 해결되지 못한다. 이 우언(寓言)은 주위에서 흔히 발생하는 문제를 어떻게 대처해야 하는가에 대해서 교훈을 주고 있다.

【於陵子】

어릉자(於陵子)는 제(齊)나라 진중자(陳仲子)가 지은 것으로 1권 12편으로 구성되어 있다. 맹자 · 등문공하(孟子 · 滕文公下)에서 그의 형 진대(陳戴)는 제공(齊卿)이 되고 동생 진중자(陳仲子)는 형의 녹봉을 받아쓰면서 어릉(於陵)에서 기거했다는 기록이 있다.

中州之蝸

【原文】

昔者太山與江漢爭王, 於是有中州之蝸, 將起而責其是非. 欲東之泰山, 會程三千餘歲; 欲南之江漢, 亦會程三千餘歲. 因自量其齒, 則不過旦暮之間. 於是悲憤莫勝, 而枯於蓬蒿之上, 爲螻蟻所笑也.
《於陵子 · 人間》

【注釋】

(1) 太山(태산) : 산동 태산

⑵ 江漢(강한) : 長江
⑶ 爭王(쟁왕) : 왕이 되려고 다투다
⑷ 蝸(와) : 달팽이
⑸ 之(지) : 가다
⑹ 齒(치) : 나이
⑺ 枯(고) : 고사하다
⑻ 爲螻蟻所笑(위루의소소) : 땅강아지와 개미의 조소거리가 되다

【번역문】

예전에 태산과 장강이 왕이 되려고 다투었는데, 중주(中州)의 달팽이가 가서 시비를 가려주려고 했다. 동으로 태산(泰山)에 가려고 하면 거리가 삼천여 년이 걸리고, 남으로 장강에 가려 하면 또 역시 삼천여 년이었다. 이로 인해 본인의 나이를 스스로 헤아려보니, 조석(朝夕)에 불과해서 비분을 참지 못하고, 쑥 위에서 말라죽어 땅강아지와 개미들의 웃음거리가 되었다.

【보충설명】

중주지와(中州之蝸)란 "중주의 달팽이"란 뜻이다. 옛날에 중국의 태산과 장강(양자강)이 서로 자기가 왕이라고 하면서 오랫동안 다투면서, 태산이 장강에게 "네가 정말 양보하지 않으면 내 몸에서 이는 흙먼지를 날려보내 너의 그 봇도랑을 다 메워버리겠다."고 협박했다. 이에 장강이 굴복하지 않으면서 "네가 자꾸 그러면 물방울로 너의 그 작은 언덕을 확 쓸어버리겠다."고 맞받아쳤다. 중주에 살던 달팽이가 둘이 이렇게 싸우고 있다는 소식을 듣고는 자기가 나서서 시비를 가려주겠다고 생각하고 길을 나섰는데, 달팽이의 느린 걸음걸이와 짧은 수명 때문에 가는 도중에 죽게 되었다. 이 우언은 중주(中州)의 달팽이처럼 자기의 역량을 헤아리

지도 않고 다른 사람들의 일에 참견하려고 하는 사람들을 경계하는 교훈의 의미가 있다.

【法言】

『法言』은 揚雄(기원전58년-18년)이 지은 것으로 楊雄으로도 쓰는데, 字는 子雲이다. 成都사람으로 문학가이자 철학가이다. 후에는 辭賦를 포기하고 五經을 기준으로 삼았다. 그는 論語를 모방하여 法言을 저술했고, 易經을 모방하여 太玄을 저술했고, 또 각 지방의 방언을 수집하여 方言을 저술했다.

羊質虎皮

【原文】

羊質而虎皮. 見草而悅, 見豺狼而戰, 忘其皮之虎也.《法言 · 吾子》

【注釋】

⑴ 質(질) : 바탕
⑵ 豺(시) : 늑대
⑶ 戰(전) : 떨다. 전(顫)의 의미와 같다

【번역문】

양이 호랑이 가죽을 둘러썼다. (그가) 풀을 보니 기분이 좋았고, 늑대를 보면 덜덜 떨었는데, 자기가 호랑이의 가죽을 쓰고 있는 것을 잊어버린 것이다.

【보충설명】

양이 설사 호랑이 가죽을 쓰고 있다고 하더라도, 본질이 양이기 때문에, 그 본성을 고칠 수는 없는 것이다. 풀을 보면 기쁘고 늑대를 보면 무서워 떠는 것이다.

【涅槃經】

열반경(涅槃經)은 불경(佛經)이다. 열반(涅槃)은 범어의 음역이다. 열반(涅槃)은 온갖 번뇌를 해탈하여 자유로운 경지로 들어가는 것이다. 열반경(涅槃經)은 동진(東晉)의 법현(法顯)이 번역한 것이 가장 유명하다.

盲人摸象

【原文】

有王告大臣 : "汝牽一象來示盲者." 時彼衆盲各以手觸. 大王即喚衆盲各各問言 : "象類何物?" 觸其牙者言 : "象形如蘿菔根." 觸其耳者言 : "象如箕." 觸其頭者言 : "象如石." 觸其鼻者言. 象如杵. 觸其腳者言 : "象如臼." 觸其脊者言 : "象如床." 觸其腹者言 : "象

如甕." 觸其尾者言 "象如繩."《涅槃經 · 卷三二》

【注釋】

⑴ 牽(견) : 이끌다
⑵ 蘿菔根(라복근) : 무 다리
⑶ 箕(기) : 키
⑷ 杵(저) : 몽둥이
⑸ 臼(구) : 절구통
⑹ 甕(옹) : 항아리
⑺ 繩(승) : 줄.

【번역문】

한 왕(王)이 대신(大臣)에게 "너는 코끼리 한 마리를 끌고 와서 맹인에게 보여줘라"라고 말했다. 이때에 여러 맹인들이 각각 손으로 (코끼리를)만졌다. 大王이 바로 여러 맹인들을 각각 불러 물어보기를 "코끼리는 무엇과 비슷한가?"라고 물었다. 코끼리의 상아를 만진 사람은 "코끼리는 무 다리와 같다."고 말했다. 코끼리의 귀를 만진 사람은 "코끼리는 키와 같다."고 말했다. 코끼리 머리를 만진 사람은 "코끼리는 돌과 같다."고 말했다. 코끼리의 코를 만진 사람은 : "코끼리는 방망이와 같다."고 말했다. 코끼리의 다리를 만진 사람은 "절구와 같다."고 말했다. 코끼리의 등뼈를 만진 사람은 "상과 같다."고 말했다. 코끼리의 배를 만진 사람은 "옹기와 같다."고 말했다. 코끼리의 꼬리를 만진 사람은 "줄과 같다"고 말했다.

【보충설명】

맹인모상(盲人摸象) 우언은 고대 인도에서 번역한 유명한 우언이다. 어떤 사물이나 사건을 어떤 각도에서 관찰하고 바라보느냐에 따라서 다른 해석을 할 수 있다는 것을 일깨워주고 있다.

【諸葛亮 · 出師表】

제갈량(諸葛亮)은 字가 공명(孔明), 산동 사람으로 젊을 때에 융중(隆中)에 은거하면서 농사일을 하면서도 줄곧 천하의 대사에 유념하고 있었다. 후에 유비(劉備)가 삼고초려(三顧草廬)하자 유비를 도와 손권(孫權)과 연합하여 적벽대전(赤壁大戰)에서 조조(曹操)를 격파했다. 또한 제갈량은 익주(益州)와 한중(漢中)를 차지해 촉한(蜀漢)을 세워 승상(丞相)이 되어 위(魏)、오(吳)와 함께 천하(天下)를 삼분(三分)하기도 했다.

출사표(出師表)는 전후(前後)가 두 편이 있는데, 고대 신하가 군주에게 간언하는 문서형식이다. 촉한(蜀漢) 후주 건흥(建興) 5년(227), 제갈량(諸葛亮)은 한중(漢中)에 군대를 주둔시키면서 조조(曹操)군 북벌(北伐)을 준비하면서 출사표를 올렸다. 후주가 언로를 열어 공사(公私)를 구분해서 정치하면서 현인를 가까이하고 간신배를 멀리할 것을 권면하고 있다. 또한 북벌하는 목적과 진충보국(盡忠報國)의 결심을 표명했다.

三顧草廬

【原文】

先帝不以臣卑鄙, 猥自枉屈, 三顧臣於草廬之中.《蜀 · 諸葛亮《出師表》

【注釋】

⑴ 先帝(선제) : 한(漢)나라 소열제(昭烈帝) 유비(劉備 : 160-223)이다
⑵ 卑鄙(비비) : 신분이 낮고 학문이 비루하다
⑶ 猥(외) : 외람되다
⑷ 枉屈(왕굴) : 굽히다
⑸ 중국에서는 삼고초려(三顧草廬)를'삼고모려(三顧茅廬)'라고도 한다.

【번역문】

先帝(선제)께서는 신의 낮고 보잘 것 없다고 여기지 않으시고, 외람되게 귀한 몸을 스스로 굽혀 오두막으로 신을 세 번이나 찾아오셨습니다.

【보충설명】

삼고초려(三顧草廬)는 제갈량의 《출사표(出師表)》에서 나온 말로, 중국의 삼국시기 때 유비(劉備)가 와룡강(臥龍江)에 숨어 사는 제갈공명을 세 번 찾아가서 마침내 제갈공명의 마음을 감동시켜 그와 함께 대사를 꾀할 수 있었다는 우언이다. 제갈공명은 자기를 삼고초려(三顧草廬)한 유비에게 "신은 본래 포의(布衣)로서 몸소 남양(南陽)에서 밭갈이하며 구차히 어지러운 세상에 목숨을 보존하려 했을 뿐이고, 제후들 사이에서 이름이 알려지기를 바라지는 않았습니다. 선제(先帝)께서

신의 천한 몸을 천하다 생각하지 않으시고, 황공하게도 스스로 몸을 굽히시어 세 번이나 초막으로 신을 찾아오셔서 당면한 세상일을 물으시는지라, 이에 감격하여 선제를 위해 쫓아가기로 결심하게 되었던 것입니다."라고 고백한다. 은(殷)나라 때 탕왕(湯王)도 伊尹(이윤)을 삼고지례(三顧之禮)로 불러낸 일이 있다. 이 말은 신분이나 지위가 높은 사람이 재야에 묻혀 지내는 뛰어난 능력을 갖춘 사람을 이끌어내어 자기 사람으로 만들려고 하는 겸손한 태도와 간곡한 성의를 뜻하는 말로 쓰이게 되었다.

【百喻經】

백유경(百喻經)은 백구비유경(百句譬喻經)이라고도 한다. 고대 인도의 스님 가스나가 편찬한 것이다. 책의 서두에서는 석가모니가 왕사성(王舍城)에서 3만 6천 여 명의 신도와 오백 명의 이교도에게 행한 불법(佛法)의 내용이다. 개강 후에는 "汝等善聽, 今爲汝廣說衆喻"라 하여 百喻라 했는데, 실제로는 98 유(喻)이다. 매 유(喻) 뒤에는 불경(佛經)을 강의하고 있다. 남제(南齊, 494-502)때에 중국에 온 인도 구나미디 스님이 한문(漢文)으로 번역했다.

愚人食鹽

【原文】

昔有愚人, 至於他家. 主人與食, 嫌淡無味. 主人聞已, 更爲益鹽. 既得鹽美, 便自念言 : "所以美者, 緣有鹽故. 少有尙爾, 況復多也!" 愚人無智, 便空食鹽. 食已口爽, 反爲其患.《百喻經》

【注釋】

⑴ 愚(우) : 멍청한
⑵ 鹽(염) : 소금
⑶ 嫌(혐) : 싫어하다
⑷ 緣～故(연~고) : ~때문이다.
⑸ 口(구) : 입맛
⑹ 爽(상) : 망가지다, 손상되다

【번역문】

예전에 멍청한 사람이 있었는데, 다른 사람의 집에 갔다. 주인이 음식을 줬는데, 싱거워 맛이 없다고 불평했다. 주인이 그 말을 듣고서 다시 소금을 더 쳐주었다. 소금을 더 치고 나니 더 맛있게 느껴서 곧 자신이 생각하며 말하기를 : "이 음식이 맛있는 것은 소금을 친 까닭이니, 조금 더 이대로(소금을) 친다면 하물며 훨씬 더 (맛이) 좋을 것이다! 어리석은 사람은 지혜롭지 않아 곧 오로지 소금만을 먹었다. 음식을 먹고 나자 입맛이 상해 오히려 근심거리가(병이) 되었다.

【보충설명】

이 우인식염(愚人食鹽)은 모든 사물은 과하지도 부족하지도 않은 적당한 정도가 있는데, 그 정도를 넘어서면 과오가 될 수 있다는 것을 일깨워주고 있다.

【牟子理惑論】

모자이혹론(牟子理惑論)은 39장으로 '서전'을 첫 장으로, '발'을 마지막 장으로 구성해서, 본문 총 37장으로 되어 있다. 서전에서는 모자의 경력과 저술한 연유를 소개하고, 역사적 사실을 증명한 것이 많으며, 그 중 일부 내용은 사료의 부족함을 보완할 수 있으며, 그 당시의 사회 혼란 상황이나 교주지역 사상학계의 동향, 그리고 저자가 왜 이 책을 썼는지의 저술 동기가 모두 실제 상황에 부합하고 있다. 전서는 모두 객주(客主)가 서러 문답(問問)하는 방식으로 진행하는데, 문자(問者)는 북쪽에서 온 유자(儒者)이다. 그는 경(京)을 거쳐 입동관(入東觀), 유태학(遊太學), 준사(準士), 지소규(準士所規), 유림소규(儒林所論)를 듣고, 불도를 귀하게 여기며, 유교(儒容)의 교의(儒義)에 대하여 여러 가지 의문을 제기하였다. 모자(母子)는 문자(問者)인 상대방이 제기한 질문에 대해서 유 · 도 · 제자백가의 책을 대량으로 인용하여 해석하면서, 불교 교리학설에 대해 설명함으로써 불교 · 도교 · 유교적 관점이 일치한다는 것을 입증하였다.

對牛彈琴

【原文】

公明儀爲牛彈〈淸角之操〉, 伏食如故. 非牛不聞, 不合其耳矣. 轉爲蚊虻之聲, 孤犢之鳴, 即掉尾奮耳, 蹀躞而聽.《弘明集 · 牟子理惑論》

【注釋】

⑴ 公明儀(공명의) : 人名
⑵ 故(고) : 변고, 일
⑶ 蚊虻(문맹) : 모기
⑷ 犢(독) : 송아지
⑷ 蹀躞(접섭) : 배회하다

【번역문】

공명의(公明儀)가 소에게 청각지조(淸角之操)를 연주해 주었는데 소는 머리를 조아린 채로 아무 일 없는 것처럼 풀만 뜯고 있었다. 이것은 소가 듣지 못한 것이 아니라 (곡조가) 소의 귀에 맞지 않았기 때문이다. 소가 모기 소리나 외로운 송아지 울음소리를 듣게 되면, 바로 꼬리를 흔들고 귀를 세우고 왔다 갔다 배회하면서 들었다.

【보충설명】

이 대우탄금(對牛彈琴) 우언은 아무리 좋은 말이라도 알아듣지 못하는 사람에게는 소용이 없다는 말로, 우이독경(牛耳讀經)과 비슷한 뜻이다. 고상한 곡조는 소에게 아무런 영향을 미칠 수가 없고, "蚊虻之聲, 孤犢之鳴" 만이 소와 직접적으로 상관이 있는 것이다.

【金樓子】

【金樓子】는 남조(南朝) 양(梁)나라의 소역(蕭繹, 508~554)이 지은 것이다. 소역(蕭

繹)은 자(字)가 세성(世誠)이고, 자호(自號)가 금루자(金樓子)로 양(梁) 무제(武帝) 소연(蕭衍)의 일곱번째 아들이다. 대보(大寶) 3년(552)에 즉위하여 양(梁) 원제(元帝)가 되었다.

盈成我百

【原文】

楚富者, 牧羊九十九而願百. 嘗訪邑里故人, 其鄰人貧有一羊者, 富拜之曰 : "吾羊九十九, 今君之一羊, 盈成我百, 則牧數足矣."
《金樓子 · 雜記》

【注釋】

(1) 富(부) : 부자
(2) 牧(목) : 기르다
(3) 願(원) : 원하다
(4) 嘗(상) : 일찍이
(5) 故人(고인) : 친구
(6) 貧(빈) : 가난하다
(7) 拜(배) : 절하다
(8) 盈(영) : 채우다
(9) 數(수) : 정수

【번역문】

초(楚)나라 부자가 양(羊) 99마리를 길렀으나 백 마리가 되기를 원했다. 일찍이 마을 친구를 찾아갔는데 그의 이웃의 가난한 사람이 양 한 마리만을 갖고 있다는 것을 알고는 말하기를 "내 양은 99마리인데, 지금 그대의 양 한 마리가 나에게 백 마리 양으로 채우게 되면 내가 기른 (양의) 숫자는 정수가 되는 것이요"

【보충설명】

위진남북조시대 양(梁)나라의 원제(元帝) 소역(蕭繹)이 지은'금루자(金樓子)'에 나오는 이야기로, 양 99마리를 가진 욕심 많은 부자가 양 백 마리를 채우고 싶어했다는 우언이다. 가진 자의 끝없는 욕심을 비유하고 있다.

【南史】

남사(南史)는 남북조시대 남조의 송(宋), 제(齊), 梁(량), 진(陳) 등 네 개 왕조의 역사를 기록한 것으로, 당(唐) 이연수(李延壽)가 편찬한 것이다. 이연수(李延壽)는 자(字)는 하금(遐齡)이고 상주인(相州人)으로, 당태종 때에 진서(晉書)나 수서(隋書) 편찬에 참여했으며, 남사(南史)와 북사(北史)를 종합하여 편찬하여 중국역사를 정리하는데 큰 공을 세웠다.

千萬買鄰

【原文】

宋季雅罷南康郡, 市宅居僧珍宅側. 僧珍問宅價, 曰 : "一千一百萬." 怪其貴. 季雅曰 : "一百萬買宅, 千萬買鄰."《南史 · 呂

僧珍傳》

【注釋】

⑴ 宋季雅(송계아) : 인명(人名)
⑵ 僧珍(승진) : 여승진(呂僧珍)
⑶ 側(측) : 가
⑷ 隣(린) : 이웃

【번역문】

송계아(宋季雅)가 남강군수(南康郡守)를 그만두고 여승진(呂僧珍)의 집의 옆에 집을 사서 기거했다. 승진(僧珍)이 집의 가격을 물으니 "천 백만원입니다."라고 말했다. 여승진(呂僧珍)은 그 집이 비싼 것을 이상히 여겼다. 계아(季雅)가 말하기를 "백만원으로 집을 사고, 천만원으로 이웃을 샀다."라고 했다.

【보충설명】

좋은 이웃을 선택하여 사는 것은 중요하다. 孔子가 말하기를 "里仁爲美, 擇不處仁, 焉得智"라 하였는데, 공자도 이웃을 중시했다는 것을 알 수 있다.

【東坡志林】

【東坡志林】은 소식(蘇軾)의 필기본으로, 생활 견문이나 독서 감상문을 기록한 것이다.

三老人爭年

【原文】

嘗有三老人相遇, 或問之年. 一人曰 : "吾年不可記, 但憶少年時與盤古有舊." 一人曰 : "海水變桑田時, 吾輒下一籌, 爾來吾籌已滿十間屋." 一人曰 : "吾所食蟠桃, 棄其核於崑崙山下, 今已與崑崙齊矣." 以余觀之, 三子者, 與蜉蝣朝菌何以異哉?《東坡志林》

【注釋】

(1) 輒(첩) : 문득, 번번이
(2) 籌(주) : 수를 세거나 계산하는 데 쓰던 산가지이거나 옛날에 화폐로 대체하던 표딱지.
(3) 棄(기) : 버리다
(4) 盤古(반고) : 중국 고대 전설속의 천자(天子)
(5) 爾來(이래) : 지나간 얼마 동안의 아주 가까운 때.
(6) 蟠桃(반도) : 선경(仙境)에 나오는 큰 복숭아
(7) 崑崙山(곤륜산) : 신강(新疆)과 서장(西藏)사이의 산맥
(8) 蜉蝣(부유) : 하루살이
(9) 朝菌(조균) : 아침에 나서 저녁에 죽는 하루살이 버섯

【번역문】

일찍이 세 노인이 만났는데, 어떤 이가 나이를 물었다. 한 노인이 말하기를 "내 나이는 기억하지 못하지만, 소년 시절에 반고(盤古)와 친구이었다는 것은 기억한다."고 했다. 또 한 노인이 말하기를 "해수(海水)가 상전(桑田)으로 변할 때에 내가 자주 주마(籌碼)를 했는데, 그 뒤로 내 주마(籌碼)가 10칸 집에 가득하다."고 했다. 또 한 노인이 말하기를 "내가 먹은 복숭아 씨앗을 곤륜산(崑崙山) 아래에 버렸는

데, 지금 이미 곤륜산(崑崙山)과 (높이가) 나란하게 되었다."고 했다. 내가 살펴보니 세 사람은 하루살이나 조균(朝菌)과 무엇이 다르겠는가?

【보충설명】

이 우언은 인간의 수명이 아무리 길다고 하더라도 하루 살고 죽는 하루살이와 아침에 자라서 저녁에 죽는 조균(朝菌)이라는 버섯과 같다는 이치를 깨우쳐주고 있다.

桃符與艾人

【原文】

桃符仰視艾人而罵曰 : "汝何等草芥, 輒居我上?" 艾人俯而應曰 : "汝已半截入土, 猶爭高下乎?" 桃符怒, 往復紛然不已. 門神解之曰 : "吾輩不肖. 方傍人門戶, 何暇爭閒氣耶?"《東坡志林》

【注釋】

(1) 桃符(도부) : 옛날 정월(正月)에 복숭아나무로 켠 두 장의 판자에 각각'神荼'과'郁壘'의 두 문신(門神)을 그려서 문짝에 붙여 악귀를 쫓던 부적
(2) 艾人(애인) : 단오절에 쑥으로 만든 인형으로, 옛날 중국 단오절에 이것을 문 앞에 걸어 액을 쫓는 풍습이 있었다
(3) 罵(매) : 욕하다
(4) 草芥(초개) : 지푸라기

【번역문】

도부(桃符)가 애인(艾人)을 우러러보며 욕하며 말하기를 "너 같은 하찮은 지푸라기가 잠시 내 위에 있느냐?"라고 하니, 애인(艾人)이 내려다보며 응대하기를 "너는 이미 반쯤 잘려져 나가 절반이 흙에 파묻혀있는데, 오히려 고하를 따지는가?" 도부(桃符)가 화가 나서 서로 말을 주거니 받거니 하며 다투기를 그치지 않았다. 문신(門神)이 그들을 화해시키면서 말하기를 "우리들은 불초(不肖)하여 겨우 사람 다니는 문 옆에 있으면서 어찌 한가롭게 다투느냐?"고 했다.

【보충설명】

이 우언은 남의 집에 빌붙어 사는 의탁자들의 형상을 재밌게 표현하고 있다. 독립된 인격이 전혀 없으면서 무슨 지위나 이름을 가지고 자만하려고 하는 사람들의 모습이 무지하고 우스꽝스럽고 비열하기까지 함을 보여준다. 남에게 빌붙어 살면서 마치 자기가 어떤 높은 위치에 있는 것처럼 착각하면서 안하무인으로 살아서는 안 된다는 것을 일깨워주고 있다.

一場春夢

【原文】

東坡老人在昌化, 嘗負大瓢, 行歌田間. 有老婦年七十, 謂坡雲 : "內翰昔日富貴, 一場春夢." 坡然之.《宋趙令畤 ·《侯鯖錄》卷七》

【注釋】

⑴ 東坡(동파) : 소동파(蘇東波), 중국 북송(北宋) 시대의 최고의 문장가
⑵ 昌化(창화) : 東坡가 1097년부터 3년간 유배생활을 한 곳
⑶ 瓢(표) : 표주박
⑷ 老婦(노부) : 노파
⑸ 坡(파) : 소동파(蘇東波)
⑹ 雲(운) : 소동파(蘇東波)를 경칭(敬稱)
⑺ 內翰(내한) : 임금의 조서를 담당하는 벼슬 한림학사(翰林學士)
⑻ 坡然之(파연지) : 소동파가 지극히 당연하다고 여김

【번역문】

소동파(蘇東波)는 창화(昌化)에 살았는데, 큰 표주박 하나를 메고 밭 사이에서 걸어다니며 노래를 흥얼거렸다. 70세가 넘어 보이는 한 노파가 소동파에게 말하기를 "한림학사(翰林學士)의 지난날 부귀는 일장춘몽이지요?" 그러자 소동파는 그렇다고 하였다.

【보충설명】

북송(北宋) 조령치(趙令畤)의 『후청록(侯鯖錄)』에 나오는 말이다. 중국 송나라 소동파(蘇東坡)가 해남(海南) 창화(昌化)에서 3년간 유배생활을 했는데, 어느 날 70세가 넘은 노파가 소동파가 큰 표주박을 메고 노래 부르는 모습을 보았다. 노파는 소동파를 보고는 "지난날의 부귀영화는 한바탕의 꿈에 지나지 않는구나."라고 말했다. 이 노파는 문장가로 유명했던 소동파의 비참한 모습을 보고는 변화무쌍한 인생의 참모습을 발견한 것이다.

인생의 부귀영화는 한바탕의 꿈과 같이 헛되고 덧없음을 비유한 말로 과거의 모든 것이 눈 깜짝할 사이에 허사가 될 수 있다는 인생무상(人生無常)함을 표현하

는 말이다. 비슷한 뜻의 成語로는 '南柯一夢(남가일몽)', 한단지몽(邯鄲之夢), 노생지몽(盧生之夢), 황량일몽(黃粱一夢), 여옹침(呂翁枕) 등이 있다. 꿈에서 나비가 된『장자(莊子)』의 호접지몽(胡蝶之夢)도 같은 의미이다.

【伯牙琴】

《백아금(伯牙琴)》은 송말(宋末) 원초(元初)에 등목(鄧牧, 1247~1306)이 지은 것으로, 등목(鄧牧)은 자(字)는 목심(牧心)이고, 전당(錢塘) 사람이다. 宋이 멸망한 후 오(吳)와 월(越) 지방을 유랑하다 여항대척(餘杭大滌) 동굴 소궁(霄宮)에 은거했다. 자칭 삼교외인(三敎外人)이라고 했으며, 세칭(世稱) 문행선생(文行先生)이라 불렀다. 세상을 풍자한 작품들이 많이 실려 있다.

越人遇狗

【原文】

越人道上遇狗. 狗下首搖尾, 人言曰 : "我善獵, 與若中分." 越人喜, 引而俱歸, 食以粱肉, 待之禮以人. 狗得盛禮, 日益驕, 獵得獸, 必盡啖乃已. 或嗤越人曰 : "爾飮食之, 得獸, 狗輒盡啖, 將笑以狗爲?" 越人悟, 因與分肉, 多自與. 狗怒, 齧其首, 斷領足, 走而去之. 夫以家人養狗, 而與狗爭食, 幾何不敗也!《伯牙琴 · 二戒學柳河東》

【注釋】

⑴ 遇(우) : 만나다.
⑵ 搖尾(요미) : 꼬리를 흔들다
⑶ 人言(인언) : 사람처럼 말하다
⑷ 善獵(선렵) : 사냥을 잘하다
⑸ 粱肉(량육) : 쌀밥과 고기 반찬
⑹ 嗤(치) : 비웃다
⑺ 啖(담) : 먹다
⑻ 齧(설) : 깨물다.

【번역문】

월인(越人)이 길에서 개를 만났는데, 개는 고개를 숙이고 꼬리를 흔들며 사람처럼 말하기를 "나는 사냥을 잘하는데, 너에게 똑같이 나눠주겠다." 월인(越人)이 기분이 좋아서, 개를 끌고 함께 집으로 돌아갔다. 기장밥과 고기반찬을 먹여주며, 예를 갖추어 개를 사람처럼 대해주었다. 개는 풍성한 대접을 받고 날로 교만해져서, 사냥해서 들짐승을 잡으면 반드시 다 먹어 버렸다. 어떤 사람이 월인(越人)을 비웃으며 말하기를 "당신은 개를 먹여주지만, 개는 짐승을 잡으면 순식간에 다 먹어버리니, 장차 개로 인해 웃음거리가 되겠습니다." 월인(越人)이 각성하고, 사냥한 고기를 나눌 때 자기가 더 많이 가져갔다. 개는 화가 나서 월인(越人)의 머리를 물고 목을 물고 달아나 사라졌다. 무릇 가족처럼 개를 기르다가 개와 음식을 다툰다면 어찌 해치지 않겠는가!

【보충설명】

이 우언은 교활한 사냥개를 만나서 그 사냥개의 말만을 믿고 개에게 가족처럼 잘 대해주다가 욕심 많고 교만한 사냥개의 본성이 드러나서 자기 목숨까지 위협

받게 되었다는 이야기이다. 사냥개의 본성을 생각하지 못하고 의심 없이 단순하게 쉽게 믿어버리는 사람들의 어리석음을 비유하고 있다.

【燕書、龍門子凝道記】

《燕書》와 《龍門子凝道記》는 明初에 宋濂이 쓴 책으로 宋濂(字 : 景濂. 號 : 潛溪. 1310-1381)은 金華人이다. 원말 朱元璋이 군대를 일으켰을 때 참여하여 관직이 翰林學士에 이르러 元史를 편찬한 明 初期 散文家이다.

越人溺鼠

【原文】

鼠好夜竊粟, 越人置粟於盎, 恣鼠齧, 不顧. 鼠呼群類入焉, 必饒而後反. 越人乃易粟以水, 浮糠覆水上. 而鼠不知也, 逮夜, 復呼群次第入, 咸溺死.《燕書》

【注釋】

(1) 竊(절) : 훔치다
(2) 粟(속) : 곡식
(3) 盎(앙) : 입구는 작고 배는 큰 용기
(4) 恣(자) : 방종하다
(5) 齧(설) : 갉아 먹다
(6) 浮(부) : 뜨다

⑺ 逮夜(태야) : 밤이 됨
⑻ 咸(함) : 다
⑼ 溺死(익사) : 익사하다

【번역문】

쥐는 밤에 곡식을 훔치기를 좋아한다. 월인(越人)은 곡식을 큰 항아리에 놓았는데, 쥐가 곡식을 먹어도 신경 쓰지 않았다. 쥐가 부르면 여러 쥐가 들어가고, 배부른 후에 다시 돌아갔다. 월인(越人)이 곧 곡식을 물로 바꾸고, 겨를 띄워 물 위를 덮었다. 그러나 쥐는 모르고 밤이 되자 다시 쥐 무리들을 불러 차례차례로 큰 항아리에 들어갔는데, 모두 익사하고 말았다.

【보충설명】

이 이야기는 간단하지만, 뜻있는 사람은 세상에 없다는 이치를 알려준다. 쥐와 같은 동물에 대해서는 생쥐의 비행을 걱정하지 말고, 관건은 세부적인 문제에 잘 대처해야 하며, 가장 좋은 방법은 쥐를 유인하여 독선적으로 만들어서 스스로 망하게 하는 것이다. 똑똑한 사람은 상대의 약점을 잘 이용해 상대를 제압한다. 하지만 쥐의 입장에서 보면 무한한 탐욕은 결국 좋은 결말이 없음을 알려주는 우언이기도 하다.

焚鼠毁廬

【原文】

越西有獨居男子, 結生茨以爲廬, 力耕以爲食. 久之, 菽粟鹽酪,具無仰於人. 嘗患鼠, 晝則累累然行, 夜則鳴齧至旦. 男子積憾之. 一旦, 被酒歸. 始就枕, 鼠百故惱之, 目不得瞑. 男子怒, 持火四焚之, 鼠死廬亦毁. 次日酒解, 悵悵然無所歸.《龍門子凝道記》

【注釋】

⑴ 茨(자) : 가시나무
⑵ 廬(려) : 오두막
⑶ 菽粟鹽酪(숙속염락) : 곡식(콩, 벼)과 소금, 우유
⑷ 累累然(루루연) : 줄줄이
⑸ 齧(설) : 이를 갈다
⑹ 悵悵然(창창연) : 실이에 빠진 모양

【번역문】

월서(越西)에 혼자 사는 남자가 있었는데, 가시나무를 엮어서 오두막을 짓고 농사를 지어 생계로 삼았다. 오래 지나가니 콩, 벼와 기름, 소금, 식초는 다른 사람에게 의지하지 않았다. 일찍이 쥐가 걱정거리가 되었는데, 낮에는 줄줄이 다니고, 밤이 되면 새벽까지 찍찍거리며 소리 냈다. 男子는 쥐를 매우 걱정했다. 어느 날 술에 취해 돌아왔다. 잠을 자려고 하자 쥐가 평소처럼 시끄러워 눈을 감을 수가 없었다. 남자는 화가 나서 불을 들고 사방을 태워버려, 쥐도 죽고 오두막도 태워버렸다. 다음날 술이 깨어 슬퍼하며 돌아갈 곳이 없었다.

【보충설명】

작가 宋濂(송렴)은 걸출한 산문작가(散文作家)이며 우언작가(寓言作家)이다. 쥐 잡으려다 오두막집도 태운다(빈대 잡으려다 초가삼간 태운다)는 뜻으로, 어떤 상황에서

도 섣불리 자기 성질대로 행동하면 안 된다는 말로 작은 일 때문에 큰일을 그르치게 되는 경우를 비유하고 있다. 쥐의 소란은 없애야 하지만 결과를 따지지 않은 채 술을 마신 후, 분개하여 본인이 기거하는 집까지 태워버리는 어리석은 행동을 한다면 얻는 것보다 잃는 것이 더 많다는 것을 일깨워주고 있다.

【笑贊】

명나라 작가 조남성(趙南星, 1550~1627)이 편찬한 것이다. 조남성(趙南星)의 자(字)는 몽백(夢白)이고, 호(號)는 제학(儕鶴)이며, 별호(別號)는 청도산객(清都散客)으로, 고읍인(高邑人)이다. 이 책은 두 부분으로 구성되어 있으며, 앞부분은 72개의 이야기이고 뒷부분은 작자의 비평이다. 수록된 이야기들은 대부분 명대 사회의 각종 병폐를 반영하고 비판하는 내용인데, 〈토지장부(卷地皮)〉에서는 봉건 관리의 탐욕을 폭로하였으며 〈솔개의 참새몰이〉에서는 관료계의 부패와 아첨이 유행하는 풍조를 비판하였다. 또 인간 정신의 약점을 조소한 이야기도 많이 수록되어 있는데, 〈평생 잘못 읽기〉에서는 자신의 견해만을 고집하는 것을 비웃었고, 〈남 따라 같이 웃기〉에서는 맹목적인 부화뇌동을 꼬집어 비판했다.

三聖搬壞

【原文】

一人尊奉三教, 塑像先孔子, 次老君, 次釋迦. 道士見之, 即移老君於中. 僧來又移釋迦於中. 士來, 仍移孔子於中. 三聖自相謂曰, "我們自好好的, 欲被人搬來搬去, 搬得我們壞了!"《笑贊》

【注釋】

⑴ 尊奉(존봉) : 받들어 믿다
⑵ 老君(노군) : 노자
⑶ 塑像(소상) : 찰흙으로 만든 사람의 형상(形像)으로, 중국 당(唐)나라 때에는 불상(佛像)의 소상(塑像)이 유행(流行)하였다.

【번역문】

한 사람이 삼교를 믿고 받들었는데, 석상을 처음에는 공자, 다음은 노자, 그다음은 석가를 놓아두었다. 도사가 그것들을 보면, 바로 노자를 중간으로 옮겼다. 스님이 오면, 또 석가를 가운데로 옮겼다. 선비가 오면 또 여전히 공자를 가운데로 옮긴다. 세 성인이 서로 말하기를 "우리는 잘 지내고 있는데, 그 사람들이 (우리를) 이리저리 옮기다가 우리들이 파괴되는구나!"

【보충설명】

이 우언은 인간관계나 파벌싸움에서 자신이나 자신의 파벌의 이익을 유지하기 위해서 다른 파벌들을 배척하는 모습을 반영하고 있다.'삼성반괴(三聖搬壞)'는 자신과 다른 가치관이나 이익을 추구하는 상대방을 등한시할 경우 결국엔 자기 자신에게도 큰 타격이 미칠 수 있다는 것을 일깨워주고 있다. 옳고 그름을 가리지 않고 같은 의견(意見)의 사람끼리 한패가 되어 다른 의견(意見)의 사람들을 배척하는 당동벌이(黨同伐異)와 비슷한 의미를 가지고 있다.

【笑林】(明)

《笑林》은 부백재 주인(浮白齋 主人)이 편찬한 것으로 위(魏) 한단순(邯鄲淳)이 지은 저서와 동명이다. 부백재 주인(浮白齋 主人)은 명(明) 만력연간(萬曆年間) 사람으로 그의 생애는 알려져 있지 않다.《아학(雅謔)》의 편자가 부백재 주인(浮白齋 主人)인 것으로 보아, 이 두 사람이 동일한 사람인 것 같다.

蝦

【原文】

和尙私買蝦食, 蝦在熱鍋裡凱蹦. 乃合掌低聲, 向蝦曰 : "阿彌陀佛! 耐心, 少時紅熟, 便不疼了."《伯牙琴 · 二戒學柳河東》

【注釋】

⑴ 和尙(화상) : 스님
⑵ 私(사) : 몰래
⑶ 蝦(하) : 새우
⑷ 鍋(과) : 솥
⑸ 凱蹦(개붕) : 파닥파닥 뛰다
⑹ 阿彌陀佛(아미타불) : 아미타불
⑺ 疼(동) : 아프다

【번역문】

스님이 몰래 새우를 사 먹었는데, 새우가 뜨거운 솥 안에서 뛰었다. (스님은) 곧 합장하고 낮은 소리로 새우에게 "아미타불! 참아라! 조금만 있으면 빨갛게 익어서 더 이상 아프지 않을 것이다."

【보충설명】

이 우언(寓言)은 조남성(趙南星)의《소찬(笑贊)》중의《작투승수(雀投僧袖)》와 유사하다. 바로 어떤 스님의 행위를 풍자하고 있다. 스님은 육식이 허용되지 않는데, 이 우화에서 스님은 몰래 새우를 먹고 있다. 스님은 새우가 뜨거워서 솥 안에서 뛰고 있을 때 자기가 살생하고 있다는 것을 자각했지만 식욕 때문에 살생을 멈추지 않는다. 살생하지 말아야 하는 신분인 스님이 자신의 사사로운 욕구를 채우기 위해 살생을 서슴지 않는 위선적인 모습을 보여주고 있다.

【笑府、廣笑府、古今譚概】

《笑府》、《廣笑府》、《古今譚概》은 모두 명대 馮夢龍이 편찬한 것이다. 馮夢龍(1574~1646)의 字는 猶龍, 號는 墨憨齋主人이며 長洲사람이다. 일생동안 과거에 합격하지 못하고 응시만 하다가 崇禎3년(1630) 57세에 겨우 보결로 貢生에 합격하여 丹徒縣 訓導를 지낸다. 그 후 福建 壽寧縣 知縣을 지내며 명대 조정이 쇠락한 원인을 상소하여 설명한다. 淸軍이 北京에 들어올 때 淸에 대항하기도 한다. 馮夢龍은 통속 문학가로 단편 소설집 三言二拍이 있다. 三言은《喩世明言》,

《經世通言》,《醒世恆言》이고, 二拍은《初刻拍案驚奇》,《二刻拍案驚奇》이다.

不禽不獸

【原文】

鳳凰壽, 百鳥朝賀, 惟蝙蝠不至. 鳳責之曰 : "汝居吾下, 何踞傲乎?" 蝠曰 : "吾有足, 屬於獸, 賀汝何用?" 一日, 麒麟生誕, 蝠亦不至, 麟亦責之. 蝠曰 : "吾有翼, 屬於禽, 何以賀與?" 麟鳳相會, 語及蝙蝠之事, 互相慨嘆曰 : "如今世上惡薄, 偏生此等不禽不獸之徒, 真個無奈他何!"《伯牙琴 · 二戒學柳河東》

【注釋】

⑴ 壽(수) : 생일
⑵ 惟(유) : 오직
⑶ 蝙蝠(편복) : 박쥐
⑷ 吾下 : 수하
⑸ 傲(오) : 오만하다
⑹ 屬(속) : 속하다
⑺ 禽(금) : 날짐승
⑻ 獸(수) : 들짐승
⑼ 麒麟(기린)

【번역문】

봉황(鳳凰)의 생일에 많은 새들이 와서 축하했는데, 오직 박쥐만이 오지 않았다. 鳳이 박쥐를 나무라며 말하기를 "너는 내 수하에 있거늘, 어찌 그렇게 거만한

가?" 박쥐가 말하기를 "나는 다리가 있어서 들짐승에 속하는데, 당신 생일을 축하한들 무슨 소용이 있겠습니까?" 어느 날 기린(麒麟) 생일에 박쥐가 또 오지 않았다. 기린이 또 박쥐를 나무랐다. 박쥐가 말하기를 "나는 날개가 있어서 날짐승에 속하는데, 어떻게 당신을 축하하겠는가?"라고 했다. 기린과 봉황이 만나서 박쥐의 일을 언급하고 서로 개탄하면서 말하기를 "지금 세상이 악하고 야박하여, 이러한 불금불수(不禽不獸)의 무리들이 생겨나니 참으로 어찌할 수 없군요!"

【보충설명】

박쥐는 날짐승(禽)이면서 또한 들짐승(獸)이다. 이 우언은 불금불수(不禽不獸)의 전형인 박쥐를 비판하며 풍자한 것이다. 박쥐는 날짐승이면서 들짐승인 척하면서 거짓말로 자기의 실리만을 추구한 형상으로, 양쪽에서 성토의 대상이 되고 만다. 상황에 따라 이중적인 정체성과 역할을 연기하면서, 어떤 일을 할 때에도 명확한 입장 없이 자신의 필요에 따라 신분을 바꾸며 자기의 이득을 취하는 원칙 없는 소인배 즉 기회주의자들을 풍자한 것이다.

瓜田不納履

【原文】

君子防未然, 不處嫌疑間. 瓜田不納履, 李下不正冠. 嫂叔不親授, 長幼不比肩. 勞謙得其柄, 和光甚獨難. 周公下白屋, 吐哺不及餐. 一沐三握髮, 後世稱聖賢.《聶夷中-君子行》

【註釋】

⑴ 君子行(군자행) : 군자의 노래
⑵ 聶夷中(섭이중) : 섭이중을 작자로 표기한 것은 잘못이며, 古樂府 (고악부) 郭茂倩(곽무천)의 樂府詩集(악부시집) 相和歌辭 平調曲 (상화가사 평조곡)에 실려 있다.
⑶ 納履(납리) : 신을 들여놓다. 발을 들여놓다,
⑷ 嫂叔(수숙) : 형수와 시동생
⑸ 比肩(비견) : 어깨를 나란히 하다. 대등한 몸가짐을 갖는 것.
⑹ 勞謙(노겸) : 겸손하려 힘쓰다(易經)
⑺ 柄(병) : 권세, 근본, 중요한 지위 권력
⑻ 和光(화광) : 才智(재지)를 밖으로 드러내지 않는 것,
⑼ 周公(주공) : 문왕의 아들이자 무왕의 동생으로, 무왕이 죽자 조카를 도와 주(周)나라의 기초(基礎)를 다졌다
⑽ 下白屋(하백
⑽ 下白屋(하백옥) : 초가에 낮추어 살다.
⑾ 吐哺(토포) : 먹던 밥을 뱉는 것. 찾아온 손님을 만나기 위해 주공은 한 끼 밥을 먹는 사이 세 번이나 먹던 것을 뱉어 놓았다. (史記)
⑿ 一沐三握髮(일목삼악발) : 한번 머리 감는 사이 세 번이나 머리를 쥐고 나가 손님을 만난 것. (토포와 같은 뜻)

【번역문】

군자는 미연에 방지하여, 의심받는 상황에 처하지 않는다. 외밭에서는 발을 들여놓지 않고, 오얏나무 아래에서는 갓을 바로잡지 않는다. 형수와 시동생 사이에는 직접 물건을 건네지 않으며, 어른과 아이 사이는 서로 어깨를 나란히 하지 않는다. 겸손하기에 힘쓰면 권력을 잡게 될 수 있지만, 자신을 나타내지 않기란 참으로 어렵다. (옛날) 주공은 초라한 초가집에서 살았는데, 손님맞이 하느라 입 안의 밥도 뱉어내며 식사도 제대로 하지 못했다. 목욕 한 번 하는 데도 손님맞이로 세 번이나 머리를 움켜쥐었으니, 후세 사람들이 성현(聖賢)이라 일컬었다.

【보충설명】

외밭에서는 신발을 고쳐 신지 말라는 이 이야기는 다른 사람의 의심을 받기 쉬운 일을 하지 말라는 뜻으로, 군자가 세상을 살아가는 태도에 관한 내용이다. 주공은 주나라의 문왕, 무왕, 성왕(成王)시대에 무왕의 동생이었는데, 인재를 등용하느라'토포악발(吐哺握髮)'했다는 고사가 있다. 토포악발(吐哺握髮)은 주공이 민심을 살피고 정무를 보느라 잠시도 쉬지 않았다는 의미로, 식사 때나 목욕할 때 내객이 오면 입 속의 먹던 것을 뱉어내고, 감고 있던 머리를 거머쥐고 급히 손님을 맞이했다는 데서 유래한 말이다. 과전불납리(瓜田不納履)의 대(對)가 되는 말은'이하부정관(李下不整冠)'으로, 오얏나무 아래에서 갓을 고쳐 쓰지 말라는 뜻이며, 남에게 의심받을 행동을 하지 말라는 것을 비유한 말이다. 과리지혐(瓜李之嫌), 과전이하(瓜田梨下)라는 비슷한 표현도 있다.

螢雪之功

【原文】

晉車胤幼恭勤博覽不常得油. 夏日以練囊盛數十螢火照書讀之以夜繼日, 後官至尙書郎. 今人以書窓爲螢窓由此也. 晉孫康少淸介交不雜, 家貧無油嘗映雪讀書, 後官至御史大夫. 今人以書案爲雪案由此也.《晉書 · 車胤傳 孫康傳》

【注釋】

⑴ 車胤(차윤) : 人名

⑵ 恭勤搏覽(공근박람) : 공손하고 부지런하며 널리 책을 읽음
⑶ 不常… : 항상 …하지는 못하다. 부분부정
常不… : 항상(전혀)… 하지 못하다. 전체부정
⑷ 練囊 : 비단 주머니
⑸ 以夜繼日 : 밤을 낮으로 이음. 밤낮을 잇달아
⑹ 孫康 : 人名
⑺ 淸介(청개) : 성품이 맑고 곧으며 고고함, 고고하고 강직함
⑻ 交遊不雜 : 사귀고 놂이 잡스럽지 않음
⑼ 書案 : 책상
⑽ 以—爲— : …을 …으로 하다. …을 …라고 생각하다.

【번역문】

진나라 차윤(車胤)이 어려서 공손하고 부지런하여 책을 많이 읽었는데, 항상 기름을 얻지는 못했다. 여름날에는 명주 주머니에 수십 마리의 반딧불이를 담아 책을 비추어 읽으면서 밤낮으로 계속 공부하더니, 후에 벼슬이 상서랑(尙書郞)에 이르렀다. 지금 사람들이 공부방의 창을 형창(螢窓)이라고 하는 것은 여기에서 말미암은 것이다.

진나라의 손강(孫康)이 젊었을 때 성품이 맑고 꿋꿋하여 사귐이 잡스럽지 않았으나, 집안이 가난해 기름이 없어 일찍이 눈에 비추어 책을 읽더니, 후에 벼슬이 어사대부(御史大夫)에 이르렀다. 지금 사람들이 책상을 설안(雪案)이라고 하는 것은 여기에서 비롯된 것이다.

【보충설명】

"반딧불과 눈빛으로 이루어낸 공(功)"이라는 뜻으로, 가난을 이겨내며 반딧불과 눈빛에 책을 비추어 글을 읽어가며 힘들게 공부(工夫)하여 결국엔 하고자 한 바 공(功)을 이루었다는 내용이다. 하늘은 스스로 돕는 자를 돕는다는 말이 있듯

이 어려운 환경 속에서도 좌절하지 않고 꾸준히 노력하면 길이 열리기 마련이며, 개인적 사회적으로 이루고자 하는 목표를 이룰 수 있다는 것을 일깨워주는 우언이다.

口蜜腹劍

【原文】

李林甫爲相, 凡才望功業出己右及為上所厚、勢位將逼己者, 必百計去之; 尤忌文學之士, 或陽與之善, 啖以甘言而陰陷之. 世謂李林甫 "口有蜜, 腹有劍."《資治通鑑 · 唐紀 · 玄宗天寶元年》

【注釋】

⑴ 爲相(상) : 재상이 되다
⑵ 才(재) : 재능
⑶ 望(망) : 명성
⑷ 功業(공업) : 공
⑸ 右(우) : 좌우(주변인)
⑹ 上(상) : 황제
⑺ 厚(후) : 중시하다
⑻ 己(기) : 자기(이임보)
⑼ 去(거) : 제거하다
⑽ 忌(기) : 질투하다
⑾ 善(선) : 잘하다(잘 대하다)
⑿ 啖以甘言(담이감언) : 달콤한 말로 사귀다

【번역문】

이임보(李林甫)는 재상이 되었는데, 무릇 재능, 명성, 공적이 좌우의 사람들보다 출중했고, 황제에게 두터운 신임을 받아서, 그 권세가 장차 자기를 위협할 만한 자들에 대해서는 반드시 백방의 계책으로 그들을 제거했다. 그중에서도 문학(학식)이 뛰어난 선비들을 특히 시기해 때로는 겉으로 그들을 잘 대하는 것처럼 달콤한 말로 사귀었지만 그들을 음해(넌지시 남을 해롭게 함)하였다. 이에 세간에서는 이임보를 가리켜 일컫기를 "입에는 꿀이 있고 배에는 칼이 있다."라고 했다.

【보충설명】

'구밀복검'은 입에는 꿀을 바르고 뱃속에는 칼을 품고 있다는 말로, 겉으로는 꿀맛같이 절친한 척하지만 내심으로는 음해할 생각을 하거나, 돌아서서 헐뜯는 것을 비유한 말이다. 훌륭한 인재(좋은 사람)를 얻기 위해서는 반드시 그 사람의 말과 외모가 아닌 (그 사람의) 실력과 성실함을 기준으로 판단해야만 한다.

(부록)

漢字語의 이해

1. 강단(剛斷) 단단할 강, 끊을 단 : 굳세고 꿋꿋하게 버티어 냄
깡패들에게 맞선 이야기는 그의 강단을 보여 주는 일화다.

2. 격의(隔意) 떨어질 격, 뜻 의 : 서로 터놓지 않는 속마음
소탈한 성격이라 부하들과 격의 없는 술자리를 자주 가졌다.

3. 구가(謳歌) 노래할 구, 노래 가 : 행복한 처지나 기쁜 마음을 거리낌 없이 나타냄
그 선수는 요즘 최고의 전성기를 구가하고 있다.

4. 굴지(屈指) 굽을 굴, 가리킬지 : 수많은 가운데 손가락을 꼽아 셀 만큼 뛰어남
국내 굴지의 건설사들도 감히 엄두를 내지 못하는 규모였다.

5. 기치(旗幟) 깃발 기, 표적 치 : 어떤 목적을 위한, 분명한 태도나 입장
세계 경영의 기치 아래 전 세계로 사업을 확장해 나갔다.

6. 기탄(忌憚) 꺼릴 기, 꺼릴 탄 : 어렵게 여겨 꺼림
평소에 갖고 있던 불만을 지금부터 기탄없이 말해 보아라.

7. 나타(懶惰) 게으를 나, 게으를 타 : 행동이나 성격이 게으름
그 소식은 나타에 빠져 있는 나에게 경종을 울렸다.

8. 눌변(訥辯) 말더듬을 눌, 말할 변 : 말을 더듬거리며 함. 말솜씨가 서툶
때로는 눌변이 달변보다 더 효과적이기도 하다.

9. 단장(斷腸) 끊을 단, 창자 장 : 슬퍼서 창자가 끊어지는 듯함
나이 어린 시절은 단장의 아픔으로 얼룩져 있었다.

10. 도탄(塗炭) 진흙 도, 숯 탄 : 곤궁하여 고통스러운 지경
나라가 전쟁에 휩싸이면 백성은 또다시 도탄에 빠질 것이다.

11. 무구(無垢) 없을 무, 더럽혀질 구 : 때가 묻지 않고 맑고 깨끗함
소나기 속에서 사랑을 키워 나갔던 무구한 소년, 소녀

12. 발호(跋扈) 밟을 발, 뒤따를 호 : 권력을 제멋대로 부리며 함부로 날뜀
악의 무리들이 발호하지 않도록 늘 경계하자.

13. 방만(放漫) 놓을 방, 질펀할 만 : 제멋대로 풀어져 있음
주먹구구식의 방만한 경영으로 자본금을 다 까먹었다.

14. 부심(腐心) 썩을 부, 마음 심 : 걱정하는 마음이 썩은 듯함
기업들이 훌륭한 인재확보를 위해 늘 부심한다.

15. 비호(庇護) 덮을 비, 보호할 호 : 편을 들어 감싸 줌
정권의 비호 아래 온갖 불법과 탈법을 저질렀다.

16. 사숙(私淑) 홀로 사, 맑을 숙 : 직접 가르침을 받지 않았으나 홀자 본받음
참고할 만한 책도 거의 없었고, 사숙할 작가 역시 전무했다.

17. 생경(生硬) 날 생, 굳을 경 : 익숙하지 않아 어색함. 글의 표현이 어설픔
어린 시절을 시골에서 보낸 터라 서울 생활이 생경했다.

18. 신산(辛酸) 매울 신, 실 산 : 힘들고 고생스러운 세상살이
작품 속의 유년은 행복했지만 실제 자신의 삶은 신산했다.

19. 심회(心懷) 마음 심, 품을 회 : 마음속으로 품고 있는 생각
자식을 전쟁터로 보내야 했던 그의 심회는 어땠을까?

20. 어눌(語訥) 말씀 어, 말더듬을 눌 : 말을 더듬거림
아이는 몸집이 왜소했고 또래들에 비해 말도 어눌했다.

21. 야료(惹鬧) 이끌 야, 시끄러울 료 : 이유 없이 트집을 잡고 함부로 떠들어 댐
나를 떨어트리기 위해 누가 야료를 부린 것이 틀림없다.

22. 울화(鬱火) 막힐 울, 불 화 : 마음속이 답답하여 성이 남
스트레스는 마음의 울화가 되어 육체 건강에 해가 된다.

23. 전횡(專橫) 마음대로 전, 가로지를 횡 : 권세를 혼자 쥐고 제 마음대로 함
독재 정권은 무력을 앞세워 온갖 전횡을 휘둘렀다.

24. 조예(造詣) 지을 조, 이를 예 : 어떤 분야에 대한 깊은 지식이나 경험
모조품을 찾아낼 정도로 골동품에 대한 조예가 깊다.

25. 중상(中傷) 가운데 중, 상처 상 : 근거 없는 말로 남을 헐뜯음
회사에서는 차츰 그를 중상하는 사람이 생기기 시작했다.

26. 편달(鞭撻) 채찍 편, 매질할 달 : 채찍으로 때리듯 경계하고 격려함
신임 집행부가 잘할 수 있도록 많은 지도 편달을 부탁드립니다.

27. 편벽(偏僻) 치우칠 편, 치우칠 벽 : 한쪽으로 치우쳐 공평하지 못함
편벽되지 않고 균형 잡힌 시선으로 세상을 바라보아라.

28. 험구(險口) 험할 험, 입 구 : 남의 흠을 들추어 헐뜯음
대개의 정치인은 남을 비방하고 험구하는 것에 익숙하다.

29. 협잡(挾雜) 낄 협, 섞일 잡 : 옳지 않은 방법으로 남을 속임
유권자를 돈으로 매수하는 협잡으로 선거에서 승리했다.

30. 혜안(慧眼) 슬기로울 혜, 눈 안 : 사물을 꿰뚫어 보는 안목
미래를 내다 볼 수 있는 혜안과 식견을 갖추도록 해라.

31. 각광(脚光) 다리 각, 빛 광 : 사람의 관심과 주목
이제는 선글라스가 패션 제품으로 새롭게 각광 받고 있다.

32. 개가(凱歌) 개선할 개, 노래 가 : 승리의 기쁨에 부르는 노래, 개선가
입문한지 1년 만에 우승을 따내는 개가를 올렸다.

33. 갹출(醵出) 술잔치 갹, 날 출 : 같은 목적을 위해 여럿이 조금씩 돈을 냄
기금 1조 원 가량을 10대 기업에서 갹출할 예정이다.

34. 고루(固陋) 굳을 고, 좁을 루 : 낡은 생각에 젖어 고집이 세고 생각이 좁음
고루한 안목으로 낡은 질서를 답습하는 것은 옳지 못하다.

35. 관철(貫徹) 꿸 관, 통할 철 : 자신의 주장을 끝까지 밀고 나감
어떤 일이 있더라도 자신의 의지를 관철할 수 있도록 해라

36. 규합(糾合) 모을 규, 합할 합 : 일정한 목적 아래 한곳에 끌어 모음
뜻을 같이 하는 동맹국을 유엔이라는 이름으로 규합했다.

37. 나포(拿捕) 잡을 나, 사로잡을 포 : 영해를 침범한 외국 선박을 붙잡음
적함 12척 중, 3척을 격침시키거나 나포했다.

38. 난맥(亂脈) 어지러울 난, 맥 맥 : 이리저리 흩어져 질서가 없는 상황
고질적인 문제점이던 지휘 체계의 난맥이 개선되었다.

39. 농성(籠城) 들어박힐(새장) 농, 재 성 : 한곳에 줄곧 머물며 버티는 일
이사진의 사퇴를 요구하며, 학생회는 무기한 농성에 들어갔다.

40. 도취(陶醉) 질그릇 도, 취할 취 : 무엇에 홀려 취하다시피 됨
승리의 기쁨에 도취되어 경비를 허술하게 선 게 탈이었다.

41. 맹아(萌芽) 씨 맹, 싹 아 : 새로 트는 싹, 사물의 시초
그 무렵부터 자본주의의 맹아가 서서히 싹트기 시작했다.

42. 묘연(杳然) 어두울 묘, 그럴 연 : 행방을 알 수 없음, 기억이 가물거림
피의자는 이미 잠적을 해서 행방이 묘연한 상태다.

43. 방불(彷佛) 비슷할 방, 비슷할 불 : 비슷비슷함
불기둥이 치솟는 등 전쟁을 방불케 하는 상황이 전개됐다.

44. 비등(沸騰) 끓을 비, 오를 등 : 액체가 끓음, 물 끓듯이 떠들썩함
그 정책은 부작용만 양산했다는 비난 여론이 비등했다.

45. 비화(飛火) 날릴 비, 불 화 : 불똥이 날림, 다른 일에까지 영향을 미침
논란을 일으키며 사회 문제로까지 비화된 사건이었다.

46. 상쇄(相殺) 서로 상, 덜 쇄 : 서로 영향을 미쳐 효과가 없어짐
수출 둔화를 상쇄할 만큼 내수 회복이 빠르게 진행되고 있다.

47. 서광(曙光) 새벽 서, 빛 광 : 새벽에 비치는 빛, 희망적인 조짐
괴롭던 내 삶에도 드디어 서광이 비치기 시작한 듯하다.

48. 실기(失機) 잃을 실, 기회 기 : 좋은 기회를 잃거나 놓침
상황을 제대로 파악하지 못해 실기하는 어리석음을 범했다.

49. 알력(軋轢) 삐걱거릴 알, 삐걱거릴 력 : 수레가 삐걱거리는 것처럼 의견이 맞지 않음
기존 세력과 선진 세력의 알력이 심화되고 있다.

50. 여망(輿望) 많을 여, 바랄 망 : 사람이나 일에 대한 많은 사람들의 기대
국민의 여망에 부응할 수 있는 정책을 세우다.

51. 출납장(出納帳) 出 날 출 納 바칠 납 帳 휘장 장 : 출납을 기록하는 장부
家計 賣出을 每日 出納帳에 記入하고 있다.

52. 발췌(拔萃) 拔 뺄 발 萃 모일 췌 : 여럿 속에서 중요한 것을 뽑아냄
新聞記事에서 뉴스를 拔萃하여 스크랩하고 있다.

53. 피로연(披露宴) 披 나눌 피 露 이슬 로 宴 잔치 연 : 결혼을 널리 알리는 뜻의 연회
結婚式이 끝나고 호텔에서 披露宴이 열렸다.

54. 중도(中途) 가운데 중, 길 도 : 일을 진행하는 중앙
中途에서 抛棄하면 어떤 일도 해낼 수 없다.

55. 단서(端緖) 바를 단, 실마리 서 : 문제를 해결하는 방향의 첫 부분
事件을 解決하려면 端緖를 찾아야 한다.

56. 인내(忍耐) 참을 인, 견딜 내 : 괴로움이나 어려움을 참고 견딤
모든 成功은 忍耐心의 結果이다.

57. 지진(地震) 地 땅지 震 벼락 진 : 지면이 진동하는 현상
地震에 따른 海溢의 念慮가 없다

58. 기온(氣溫) 氣 기운 기 溫 따뜻할 온 氣溫 : 대기의 온도
地球溫暖化에 의해 氣溫 上昇이 顯著하다

59. 습도(濕度) 濕 축축할 습 度 법도 도 : 대기 중에 들어있는 수증기의 정도
濕氣가 많고 濕度가 높다

60. 현관(玄關) 玄 검을 현 關 빗장 관 : 건물의 주된 출입구가 있는 공간
玄關에서 코트를 벗다

61. 계단(階段) 階 선돌 계 段 구분 단 : 오르내리기 위해 만든 건물의 층계
階段을 올라가서 바로 오른쪽에 있는 방이다

62. 졸업(卒業) 卒 마칠 졸 業 업 업 : 규정된 교육 과정을 마침
學科 親舊들과 卒業旅行을 간다

63. 수업(授業) 授 줄 수 業 업 업 : 교사가 학생들에게 지식을 가르침
授業料는 期日까지 納付해야 한다

64. 결석(缺席) 缺 이그러질 결 席 자리 석 : 출석하지 않음
授業에 缺席해서는 안 된다

65. 지각(遲刻) 遲 늦을지 刻 새길 각 : 정각 시간보다 늦게 도착함
오늘 會議에 遲刻해서는 안 된다

66. 전화(電話) 電 번개 전 話 말할 화 : 전화기로 말을 주고 받음
講義室에서 携帶電話를 使用하면 안 된다

67. 출장(出張) 出 날 출 張 베풀 장 : 용무를 위해 다른 곳으로 나감
會社 出張으로 日本에 가야 한다

68. 회의(會議) 會 모일 회 議 의논할 의 : 어떤 주제를 여럿이 모여 의론함
會議는 事務室에서 進行한다

69. 서류(書類) 書 글 서 類 무리 류 : 기록이나 사무에 관한 문서
書類는 事務室에 잘 看直해야 한다

70. 제복(制服) 制 마를 제 服 옷 복 : 학교, 회사에서 규정에 따라 입는 옷
職員들만 制服을 입는 것은 規定에 맞지 않다

71. 송금(送金) 送 보낼 송 金 쇠 금 : 돈을 부쳐 보냄
會社에서 日本 支社로 送金하고 있다.

72. 창구(窓口) 窓 창 창 口 입 구 : 창을 내거나 뚫어 놓은 곳
銀行 窓口에 사람들이 줄서 있나

73. 소포(小包) 小 작을 소 包 쌀 포 : 조그맣게 포장한 물건
郵遞局에서 日本으로 小包를 보내야 한다

74. 진찰(診察) 診 볼 진 察 살필 찰 : 환자의 증세나 상태를 살핌
病院에서 診察을 받아야 한다

75. 환자(患者) 患 근심 환 者 놈 자 : 병을 앓거나 다친 사람
高齡化 時代에 患者가 增加하고 있다

76. 구급(救急) 救 구원할 구 急 급할 급 : 위급한 상황에서 구해 냄
消防署에 電話해서 救急車를 불러야 한다

77. 수술(手術) 手 손 수 術 재주 술 : 병을 낫게 하는 치료 방법
成形手術은 父母의 同意를 받아야 한다

78. 검사(檢査) 檢 검사할 검 査 조사할 사 : 살피고 조사하여 옳고 그름을 판단함
身體檢査는 綜合病院에서 받아야 한다

79. 퇴원(退院) 退 물러날 퇴 院 집 원 : 입원했던 병원에서 나옴
醫師의 診療 후에 退院 手續을 해야 한다

80. 집착(執着) 잡을 집, 붙을 착 : 어떤 것에 늘 마음이 쏠려 떨어지지 않음.
細部的인 일에 執着하여 全體를 잃어버리다.

81. 진부(陳腐) 陳 베풀 진 腐 썩을 부 : 사상, 표현, 행동, 제품 따위가 낡아서 새롭지 못하다.
陳腐한 製品을 新製品으로 交替하다.

82. 토로(吐露) 吐 토할 토 露 이슬 로(노) : 마음에 있는 것을 죄다 드러내어서 말함.
술잔을 기울이며 서로 不滿을 吐露하다.

83. 원활(圓滑) 圓 둥글 원, 滑 미끄러울 활, 익살스러울 : 일이 거침없이 잘 되어 나감
人間關係를 圓滑하게 運營할 것을 바라다.

84. 구축(驅逐) 驅 몰 구 逐 쫓을 축 : 몰아서 내쫓음
惡貨가 良貨를 驅逐하다.

85. 경이(驚異) 驚 놀랄 경 異 다를 이 : 놀랍고 이상(異常)함
戰後 韓國의 近代化는 驚異로운 速度로 進行된다.

86. 기회(機會) 機틀 기 會모일 회 : 기대(期待) 하던 일을 하기에 적당(適當)한 시기(時期)
挫折을 自身의 機會로 삼아야 한다.

87. 경위(經緯) 經 지날 경/글 경 緯 씨 위 : 사건(事件)이 전개되어 온 과정이나 경로
事件의 經緯를 昭詳히 알리다.

88. 고의(故意) 故 연고 고 意 뜻 의 : 일부러나 억지로 하려는 뜻
兒童虐待 問題가 擴散되자 故意로 사건을 縮小하다.

89. 봉착(逢着) 逢 만날 봉 着 붙을 착 : 어떤 상태에 만나서 부닥침
豫想하지 못했던 危機에 逢着하다.

90. 비축(備蓄) 備 갖출 비 蓄 모을 축 : 미리 장만하여 모아 둠
戰爭에 對備해서 石油를 備蓄해야 한다.

91. 산적(山積) 山 메 산 積 쌓을 적 : 물건이나 일이 산더미같이 쌓임
業務가 山積해 있어서 일본에 갈 수 없다.

92. 섭렵(涉獵) 涉 건널 섭 獵 사냥 렵(엽) : 많은 책을 널리 읽거나 여기저기 찾아격음
留學가서 많은 文學 作品을 涉獵했다.

93. 소요(騷擾) 騷 떠들 소 擾 시끄러울 요 : 여러 사람이 떠들썩하게 들고 일어남
밤새 繼續된 騷擾가 鎭靜되었다.

94. 아성(牙城) 牙 어금니 아 城 재 성 : 아주 중요한 근거지
大企業의 牙城에 挑戰狀을 내밀었다.

95. 암묵(暗默) 暗 어두울 암 默 잠잠할 묵 : 아무 말도 하지 않고 잠잠(潛潛)히 있음
政府는 暗默的인 傍觀 姿勢로 一貫했다.

96. 와전(訛傳) 訛 그릇될 와 傳 전할 전 : 본래의 뜻이 잘못되게 바꾸어 전(傳)하는 것
些少한 다툼이 暴力 事態로 訛傳됐다.

97. 운용(運用) 運 옮길 운 用 쓸 용 : 돈이나 물건 따위의 기능을 부리어 씀
寄附金을 效率的으로 運用할 方案을 찾아야 한다.

98. 자명(自明) 自 스스로 자 明 밝을 명 : 자신의 직관에 의하여 명백함
獨島가 우리 嶺土임은 自明한 事實이다.

생활한자(生活漢字)

가

佳作(가작) 佳人(가인) 可恐(가공) 可望(가망) 架空(가공) 架橋(가교) 歌謠(가요)
歌舞(가무) 價値(가치) 價格(가격) 加減(가감) 加工(가공) 加重(가중) 假量(가량)
假面(가면) 家長(가장) 家財(가재) 家庭(가정) 家宅(가택) 家訓(가훈) 家畜(가축)

각

脚光(각광) 脚本(각본) 覺書(각서) 各界(각계) 閣僚(각료) 却說(각설)

간

看板(간판) 看護(간호) 肝銘(간명) 肝膽(간담) 幹部(간부) 幹線(간선) 懇切(간절)
懇曲(간곡) 簡單(간단) 簡略(간략) 簡素(간소) 奸巧(간교) 奸計(간계) 奸詐(간사)
艱難(간난) 幹部(간부) 干涉(간섭) 干與(간여) 看板(간판) 刊行(간행) 渴望(갈망)
喝采(갈채)

감

感慨(감개) 感謝(감사) 感覺(감각) 感染(감염) 堪耐(감내)
監督(감독) 監査(감사) 監視(감시) 鑑賞(감상)

갑

甲富(갑부) 甲板(갑판) 甲長(갑장)

강

剛柔(강유) 剛直(강직) 綱領(강령) 綱目(강목) 强健(강건) 强硬(강경) 强制(강제)
慷慨(강개) 講評(강평)

개

開封(개봉) 開閉(개폐) 改閣(개각) 改良(개량) 改善(개선)
概括(개괄) 概念(개념) 開設(개설) 開業(개업)

객

客觀(객관) 客室(객실) 客員(객원) 客地(객지)

거

拒否(거부) 拒絶(거절) 巨峰(거봉) 巨匠(거장) 擧皆(거개) 擧手(거수) 擧動(거동)
居留(거류) 居處(거처) 距離(거리) 據點(거점)

건

乾燥(건조) 乾坤(건곤) 健康(건강) 健忘(건망) 建設(건설) 建議(건의) 建築(건축)

검

儉素(검소) 儉約(검약) 檢事(검사) 檢擧(검거) 檢査(검사) 檢索(검색) 檢疫(검역)
檢閱(검열) 檢問(검문) 檢診(검진) 檢察(검찰) 劍道(검도)

격

激勵(격려) 激甚(격심) 隔離(격리) 格式(격식) 格言(격언) 格調(격조) 激情(격정)
激讚(격찬) 擊退(격퇴)

견

堅固(견고) 堅持(견지) 見聞(견문) 見習(견습) 牽引(견인) 牽制(견제) 譴責(견책)

결

決斷(결단) 決裂(결렬) 決算(결산) 決濟(결제) 決鬪(결투) 決判(결판) 缺員(결원)

缺勤(결근) 缺禮(결례) 缺席(결석) 缺損(결손) 結局(결국) 結束(결속) 結託(결탁) 潔白(결백) 訣別(결별)

겸

兼備(겸비) 兼任(겸임) 謙讓(겸양) 謙虛(겸허) 兼業(겸업) 兼職(겸직)

경

警告(경고) 警戒(경계) 警鐘(경종) 警備(경비) 景觀(경관) 景況(경황) 景氣(경기) 輕率(경솔) 輕快(경쾌) 輕量(경량) 輕重(경중) 驚愕(경악) 驚歎(경탄) 驚蟄(경칩) 競賣(경매) 競爭(경쟁) 競落(경락) 競輪(경륜) 傾聽(경청) 傾向(경향) 敬虔(경건) 頃刻(경각) 輕減(경감) 境界(경계) 境遇(경우) 經過(경과) 經費(경비) 經營(경영) 經濟(경제) 經驗(경험) 慶賀(경하)

계

契機(계기) 契約(계약) 啓蒙(계몽) 啓示(계시) 啓發(계발) 系譜(계보) 階級(계급) 階梯(계제) 計略(계략) 計測(계측) 計劃(계획) 繼續(계속) 繼承(계승) 季節(계절)

고

苦待(고대) 苦難(고난) 苦惱(고뇌) 顧慮(고려) 顧客(고객) 高架(고가) 高閣(고각) 高潔(고결) 高明(고명) 枯渴(고갈) 孤高(고고) 孤獨(고독) 考課(고과) 顧問(고문) 姑婦(고부) 古墳(고분) 雇傭(고용) 故意(고의) 固定(고정) 固執(고집) 考察(고찰)

곡

穀物(곡물) 曲線(곡선)

곤

困窮(곤궁) 昆蟲(곤충) 困乏(곤핍)

공

恭敬(공경) 恭遜(공손) 貢物(공물) 貢獻(공헌) 公共(공공) 公開(공개) 公示(공시) 公約(공약) 公益(공익) 公證(공증) 公害(공해) 共感(공감) 鞏固(공고) 攻擊(공격) 公課(공과) 供給(공급) 功德(공덕) 功勞(공로) 功名(공명) 共犯(공범) 空想(공상) 空虛(공허) 工場(공장) 貢獻(공헌) 恐慌(공황) 恐怖(공포)

과

課稅(과세) 課程(과정) 課外(과외) 誇示(과시) 誇張(과장) 過去(과거) 過分(과분) 過失(과실) 過誤(과오) 過激(과격) 過剩(과잉) 寡默(과묵)

관

寬大(관대) 寬容(관용) 觀念(관념) 觀覽(관람) 觀相(관상) 觀點(관점) 關聯(관련) 關稅(관세) 官祿(관록) 官廳(관청) 管理(관리) 慣行(관행)

광

廣告(광고) 狂亂(광란) 狂信(광신) 光澤(광택)

교

交涉(교섭) 交易(교역) 交流(교류) 交替(교체) 交換(교환) 矯導(교도) 矯正(교정) 橋梁(교량) 郊外(교외) 教化(교화)

구

救濟(구제) 救護(구호) 驅迫(구박) 驅逐(구축) 拘禁(구금) 拘留(구류) 拘束(구속) 口腔(구강) 拘禁(구금) 救急(구급) 購讀(구독) 購買(구매) 購入(구입) 口頭(구두) 構想(구상) 構內(구내) 構造(구조) 構成(구성) 救濟(구제) 救護(구호) 具體(구체) 毆打(구타)

국

國庫(국고) 國交(국교) 國政(국정) 國境(국경) 國防(국방) 國寶(국보) 國籍(국적) 國際(국제) 局面(국면) 局番(국번)

군

軍警(군경) 軍紀(군기) 群衆(군중)

굴

屈服(굴복) 屈指(굴지)

궁

窮究(궁구) 窮極(궁극) 窮理(궁리) 窮色(궁색) 宮殿(궁전) 宮合(궁합)

권

勸告(권고) 勸誘(권유) 權力(권력) 權威(권위) 權限(권한) 權利(권리) 勸勉(권면) 倦怠(권태)

귀

龜鑑(귀감) 歸結(귀결) 歸納(귀납) 歸路(귀로) 歸省(귀성) 歸屬(귀속) 歸鄕(귀향) 貴賓(귀빈) 貴重(귀중)

규

閨房(규방) 閨秀(규수) 規模(규모) 規範(규범) 規定(규정) 規則(규칙) 糾合(규합)

균

均等(균등) 龜裂(균열) 均衡(균형)

극

克己(극기) 克服(극복) 極樂(극락) 極盡(극진) 極致(극치) 劇變(극변)

근

勤勉(근면) 勤續(근속) 勤勞(근로) 勤務(근무) 勤儉(근검) 近郊(근교) 根據(근거) 根性(근성) 根源(근원) 僅少(근소)

금

金利(금리) 金屬(금속) 禽獸(금수) 金額(금액) 金融(금융) 禁止(금지)

기

幾微(기미) 幾何(기하) 期間(기간) 期待(기대) 忌憚(기탄) 忌避(기피) 奇拔(기발) 奇蹟(기적) 寄稿(기고) 寄附(기부) 寄與(기여) 寄贈(기증) 寄託(기탁) 器具(기구) 器量(기량) 機械(기계) 技巧(기교) 饑饉(기근) 紀念(기념) 期待(기대) 技術(기술) 飢餓(기아) 記憶(기억) 企業(기업) 起用(기용) 記者(기자) 基調(기조) 旣存(기존) 基準(기준) 奇形(기형) 氣象(기상) 氣候(기후)

긴

緊迫(긴박) 緊張(긴장) 緊急(긴급)

낙

落選(낙선) 落鄕(낙향) 落款(낙관) 落第(낙제)

난

難局(난국) 難處(난처) 難色(난색) 難航(난항) 亂入(난입) 暖房(난방) 暖流(난류)

납

納稅(납세) 納品(납품)

낭

浪費(낭비) 浪漫(낭만) 狼藉(낭자) 朗讀(낭독) 朗誦(낭송)

내

內紛(내분) 內申(내신) 內需(내수) 內子(내자) 內色(내색) 內閣(내각) 內緣(내연)
內幕(내막) 內定(내정) 來歷(내력)

냉

冷待(냉대) 冷戰(냉전) 冷嚴(냉엄) 冷戰(냉전) 冷酷(냉혹)

노

老鍊(노련) 老衰(노쇠) 老齡(노령) 勞動(노동) 勞務(노무) 路程(노정) 露出(노출)

논

論爭(논쟁) 論告(논고) 論理(논리)

농

濃度(농도) 濃厚(농후) 濃度(농도) 弄奸(농간) 弄談(농담)

누

陋名(누명) 累積(누적)

뇌

腦髓(뇌수) 腦炎(뇌염) 賂物(뇌물)

능

能率(능률) 能手(능수) 能熟(능숙)

다

多感(다감) 多産(다산) 多少(다소) 茶果(다과) 茶禮(다례)

단

團結(단결) 團束(단속) 段階(단계) 段落(단락) 斷交(단교) 單獨(단독) 鍛鍊(단련)
端緖(단서) 端整(단정) 單純(단순) 單位(단위) 斷食(단식) 團體(단체) 短縮(단축)
丹楓(단풍)

담

擔當(담당) 擔保(담보) 膽力(담력) 談笑(담소)

답

答辯(답변) 答辭(답사) 踏襲(답습) 答狀(답장)

당

堂直(당직) 當座(당좌) 當局(당국) 當落(당락) 當番(당번)

대

代價(대가) 代替(대체) 代表(대표) 貸付(대부) 貸借(대차) 待期(대기) 對談(대담)
對答(대답) 對等(대등) 對面(대면) 對象(대상) 對抗(대항) 代辯(대변) 大衆(대중)

도

到着(도착) 到處(도처) 徒輩(도배) 徒食(도식) 倒産(도산) 倒置(도치) 挑發(도발)
挑戰(도전) 逃避(도피) 逃走(도주) 陶冶(도야) 陶醉(도취) 盜賊(도적) 盜癖(도벽)

盜難(도난) 盜聽(도청) 盜用(도용) 都市(도시) 都心(도심) 道具(도구) 都賣(도매) 賭博(도박) 徒食(도식) 跳躍(도약) 導出(도출)

독

獨立(독립) 獨斷(독단) 獨占(독점) 獨裁(독재) 督促(독촉) 督勵(독려)

돈

敦篤(돈독) 敦諭(돈유) 豚舍(돈사)

동

凍結(동결) 凍傷(동상) 同盟(동맹) 同胞(동포) 同氣(동기) 同門(동문) 動脈(동맥) 同壻(동서) 同調(동조)

두

頭髮(두발) 頭目(두목) 頭腦(두뇌) 豆腐(두부) 豆乳(두유)

등

登記(등기) 登用(등용) 登錄(등록) 登場(등장)

마

魔力(마력) 魔術(마술) 痲痺(마비)

만

滿期(만기) 晩年(만년) 萬能(만능)

망

妄靈(망령) 妄想(망상) 妄言(망언) 忘却(망각) 忘年(망년) 罔極(망극) 罔測(망측)

網羅(망라) 網紗(망사) 蠻勇(만용) 蠻行(만행)

매

媒介(매개) 賣國(매국) 賣渡(매도) 賣惜(매석) 埋立(매립) 埋伏(매복) 煤煙(매연) 埋藏(매장)

맥

脈絡(맥락) 脈搏(맥박) 麥酒(맥주)

맹

盟誓(맹서) 盟約(맹약) 盲目(맹목) 盲啞(맹아) 盲信(맹신) 猛威(맹위) 猛虎(맹호)

면

免疫(면역) 免許(면허) 免稅(면세) 免疫(면역) 免除(면제) 免責(면책)

명

名分(명분) 名節(명절) 名目(명목) 名門(명문) 名聲(명성) 名譽(명예) 命令(명령) 命題(명제)

모

模倣(모방) 模造(모조) 模型(모형) 矛盾(모순) 矛戟(모극) 募金(모금) 募集(모집) 謀免(모면)

몰

沒落(몰락) 沒收(몰수)

몽

朦朧(몽롱)　蒙昧(몽매)

묘

妙味(묘미)　苗木(묘목)　墓碑(묘비)　妙手(묘수)　墓地(묘지)

무

無關(무관)　無垢(무구)　無窮(무궁)　無能(무능)　無料(무료)　無償(무상)　無效(무효)
武器(무기)　武裝(무장)　舞臺(무대)　貿易(무역)

묵

默念(묵념)　默殺(묵살)

문

文具(문구)　文盲(문맹)　文武(문무)　文質(문질)　門下(문하)

물

物色(물색)　物望(물망)　物權(물권)　物質(물질)

미

迷路(미로)　迷惑(미혹)　微笑(미소)　微賤(미천)　未達(미달) 未熟(미숙)　美容(미용)

민

民間(민간)　民弊(민폐)　民事(민사)　民俗(민속)　民謠(민요)　民衆(민중)　敏活(민활)

밀

蜜語(밀어)　蜜月(밀월)　密林(밀림)　密輸(밀수)　密集(밀집)

바

拍手(박수) 拍車(박차) 博覽(박람) 博物(박물) 博識(박식) 迫力(박력)

반

返納(반납) 返還(반환) 叛亂(반란) 叛逆(반역) 反復(반복) 反省(반성)

발

發覺(발각) 發揮(발휘) 發送(발송) 拔群(발군)

방

放浪(방랑) 放心(방심) 芳年(방년) 芳名(방명) 傍觀(방관) 傍助(방조) 訪問(방문) 防備(방비) 放射(방사) 放送(방송) 防疫(방역) 防衛(방위) 傍聽(방청) 方針(방침) 妨害(방해)

배

拜見(배견) 拜謁(배알) 配給(배급) 配慮(배려) 排泄(배설) 排斥(배척) 排水(배수) 背景(배경) 背信(배신) 陪席(배석)

백

伯父(백부) 伯仲(백중)

번

煩惱(번뇌) 煩悶(번민) 繁榮(번영) 繁昌(번창) 繁殖(번식) 飜譯(번역)

범

汎濫(범람) 汎論(범론) 犯人(범인) 犯罪(범죄) 犯法(범법)

법

法規(법규) 法令(법령) 法律(법률) 法務(법무) 法院(법원) 法則(법칙) 法會(법회)

변

變更(변경) 變化(변화) 變德(변덕) 辨明(변명) 辨別(변별) 辨償(변상) 辯護(변호)

별

別居(별거) 別世(별세) 別故(별고) 別名(별명) 別莊(별장)

병

兵科(병과) 兵器(병기) 病棟(병동) 病床(병상) 病院(병원) 屛風(병풍) 竝行(병행)

보

保障(보장) 保管(보관) 普及(보급) 普通(보통) 補佐(보좌) 補職(보직) 補修(보수)
保健(보건) 寶庫(보고) 報道(보도) 保釋(보석) 保證(보증) 保險(보험) 保護(보호)

복

復歸(복귀) 福券(복권) 福利(복리) 服務(복무) 服役(복역) 複合(복합)

본

本質(본질) 本部(본부) 本店(본점)

봉

奉仕(봉사) 奉養(봉양) 逢變(봉변) 逢着(봉착) 蜂起(봉기) 蜂蝶(봉접) 俸給(봉급)

부

夫君(부군) 夫婦(부부) 富强(부강) 富貴(부귀) 浮浪(부랑) 浮雲(부운) 負擔(부담)

負傷(부상) 副食(부식) 副業(부업) 賦課(부과) 賦役(부역) 部隊(부대) 附屬(부속)
不渡(부도) 埠頭(부두) 腐蝕(부식) 復興(부흥)

분

分析(분석) 分別(분별) 分裂(분열) 分割(분할) 奔放(분방) 奔走(분주) 奮發(분발)
奮鬪(분투) 扮裝(분장) 紛爭(분쟁)

불

不倫(불륜) 不況(불황)

비

比較(비교) 比率(비율) 非難(비난) 非理(비리) 非違(비위) 非凡(비범) 悲哀(비애)
悲觀(비관) 悲劇(비극) 誹謗(비방) 庇護(비호) 飛躍(비약) 飛火(비화) 卑怯(비겁)
卑賤(비천) 秘訣(비결) 秘密(비밀) 秘書(비서) 批准(비준) 批判(비판)

빈

貧窮(빈궁) 貧富(빈부) 貧弱(빈약) 貧血(빈혈) 頻發(빈발) 頻度(빈도) 賓客(빈객)
賓主(빈주) 殯所(빈소)

사

寺院(사원) 寺刹(사찰) 蛇龍(사룡) 蛇足(사족) 詐欺(사기) 詐取(사취) 謝過(사과)
謝禮(사례) 社交(사교) 社會(사회) 事理(사리) 事情(사정) 事務(사무) 思考(사고)
思惟(사유) 思潮(사조) 私淑(사숙) 私慾(사욕) 私設(사설) 寫本(사본) 寫眞(사진)
使用(사용) 史蹟(사적) 司令(사령) 司法(사법) 司正(사정) 赦免(사면) 思索(사색)
社稷(사직) 辭表(사표) 死活(사활)

산

散在(산재) 散策(산책) 産卵(산란) 山脈(산맥) 山岳(산악) 散發(산발)

삼

森羅(삼라) 森嚴(삼엄) 三府(삼부)

상

相扶(상부) 相續(상속) 狀態(상태) 狀況(상황) 償還(상환) 償責(상책) 上告(상고)
相剋(상극) 相談(상담) 相對(상대) 相思(상사) 相衝(상충) 傷心(상심) 商標(상표)

생

生計(생계) 生硬(생경) 生命(생명) 生物(생물) 生産(생산) 生鮮(생선) 生辰(생신)
生態(생태) 省略(생략)

서

書庫(서고) 書類(서류) 書齋(서재) 書翰(서한) 庶務(서무) 庶民(서민) 序頭(서두)
署名(서명) 敍事(서사) 抒情(서정)

석

夕刊(석간) 惜別(석별) 惜敗(석패) 釋放(석방) 釋然(석연) 石油(석유) 石炭(석탄)

선

宣言(선언) 宣傳(선전) 旋風(선풍) 旋回(선회) 先覺(선각) 選擧(선거) 先驅(선구)
先輩(선배) 煽動(선동) 船舶(선박) 選拔(선발) 選別(선별) 宣誓(선서) 宣言(선언)
宣傳(선전) 選擇(선택) 旋風(선풍)

설

雪景(설경) 雪辱(설욕) 說問(설문) 設備(설비) 設置(설치) 舌戰(설전)

성

省墓(성묘) 省察(성찰) 性格(성격) 性別(성별) 聲樂(성악) 聲援(성원) 聖德(성덕)
聲明(성명) 成熟(성숙) 成員(성원) 成績(성적) 成敗(성패) 成形(성형) 盛況(성황)

세

洗濯(세탁) 洗鍊(세련) 細菌(세균) 細心(세심) 世界(세계) 世紀(세기) 世代(세대)
世上(세상) 世態(세태) 稅關(세관) 稅務(세무) 勢道(세도) 歲拜(세배)

소

所見(소견) 所感(소감) 所得(소득) 所聞(소문) 所信(소신) 消極(소극) 消費(소비)
消耗(소모) 消毒(소독) 消息(소식) 騷動(소동) 騷亂(소란) 紹介(소개) 小賣(소매)
素朴(소박) 素養(소양) 素願(소원) 素質(소질) 昭詳(소상) 掃蕩(소탕) 召集(소집)
召喚(소환) 蘇復(소복) 蘇生(소생) 訴訟(소송) 訴請(소청) 疏遠(소원) 疏通(소통)

속

速度(속도) 束縛(속박) 俗語(속어) 俗謠(속요) 贖罪(속죄)

송

送別(송별) 送信(송신)

쇠

衰亡(쇠망) 衰弱(쇠약)

수

受難(수난) 受諾(수락) 收錄(수록) 收拾(수습) 收入(수입) 授與(수여) 授賞(수상)
守節(수절) 守護(수호) 修訂(수정) 修理(수리) 修繕(수선) 修飾(수식) 輸送(수송)
輸出(수출) 需要(수요) 需用(수용) 搜查(수사) 搜索(수색) 囚禁(수금) 手記(수기)
手術(수술) 手續(수속) 受動(수동) 水害(수해)

숙

宿泊(숙박) 宿患(숙환) 熟練(숙련) 熟知(숙지) 肅淸(숙청)

순

純潔(순결) 純粹(순수) 純眞(순진) 殉教(순교) 殉國(순국) 殉職(순직) 巡禮(순례)
巡察(순찰) 循環(순환)

승

乘客(승객) 承繼(승계) 承認(승인) 勝敗(승패) 昇降(승강) 昇進(승진) 昇華(승화)

습

襲擊(습격) 襲用(습용)

시

是非(시비) 是認(시인) 時刻(시각) 施工(시공) 施行(시행) 時事(시사) 時差(시차)
施設(시설) 視野(시야) 示威(시위) 始終(시종) 試驗(시험)

식

食客(식객) 食堂(식당) 食言(식언) 式辭(식사) 式順(식순) 植木(식목)

신

申告(신고) 申請(신청) 神經(신경) 新刊(신간) 神奇(신기) 神秘(신비) 辛辣(신랄) 信仰(신앙) 信號(신호) 身元(신원) 愼重(신중)

실

實錄(실록) 實施(실시) 實踐(실천) 實驗(실험) 失言(실언) 失踪(실종) 失敗(실패) 失效(실효)

심

深刻(심각) 深思(심사) 深奧(심오) 審問(심문) 審議(심의) 審判(심판) 心慮(심려) 心臟(심장)

아

亞流(아류) 亞聖(아성) 我軍(아군) 我執(아집) 雅淡(아담) 雅量(아량) 阿諛(아유) 阿諂(아첨)

안

安眠(안면) 安否(안부) 眼鏡(안경) 顔面(안면)

암

暗示(암시) 暗黑(암흑) 暗號(암호)

압

押留(압류) 押收(압수) 壓迫(압박) 壓制(압제) 壓縮(압축)

앙

仰望(앙망) 仰祝(앙축)

애

曖昧(애매)　愛玩(애완)　哀願(애원)　愛憎(애증)

야

野談(야담)　野俗(야속)　野遊(야유)　夜景(야경)　野蠻(야만)　野遊(야유)

약

掠劫(약겁)　掠奪(약탈)　藥局(약국)　約款(약관)　約束(약속)　略式(약식)　約婚(약혼)

양

讓步(양보)　讓渡(양도)　兩極(양극)　洋服(양복)　養蜂(양봉)　養育(양육)　養護(양호)
樣式(양식)　良心(양심)

엄

嚴禁(엄금)　嚴密(엄밀)　嚴守(엄수)　嚴肅(엄숙)　嚴正(엄정)　掩護(엄호)　業主(업주)

여

餘暇(여가)　餘韻(여운)　旅客(여객)　旅券(여권)　旅程(여정)　濾過(여과)　餘裕(여유)

역

逆境(역경)　逆流(역류)　逆說(역설)　歷任(역임)　逆轉(역전)

연

研究(연구)　研磨(연마)　硯滴(연적)　硯池(연지)　連繫(연계)　連累(연루)　連鎖(연쇄)
燃料(연료)　燃燒(연소)　延命(연명)　延滯(연체)　鍊金(연금)　鍊磨(연마)　憐憫(연민)
憐情(연정)　緣故(연고)　聯邦(연방)　沿岸(연안)　演繹(연역)

열

熱望(열망) 熱烈(열렬) 熱帶(열대) 劣等(열등) 涅槃(열반)

염

廉價(염가) 廉恥(염치) 染色(염색) 廉探(염탐)

영

領空(영공) 領袖(영수) 領海(영해) 榮譽(영예) 榮轉(영전) 零落(영락) 玲瓏(영롱)
靈妙(영묘) 領事(영사) 嬰兒(영아) 令狀(영장) 榮華(영화)

예

豫告(예고) 銳利(예리) 銳敏(예민) 豫感(예감) 豫防(예방) 預金(예금) 豫防(예방)
豫備(예비) 豫言(예언)

오

汚物(오물) 傲氣(오기) 傲慢(오만) 誤謬(오류) 誤解(오해) 汚辱(오욕) 汚名(오명)
奧地(오지) 誤判(오판) 誤解(오해)

온

溫帶(온대) 溫度(온도) 溫和(온화) 溫泉(온천)

와

瓦全(와전) 瓦解(와해) 臥床(와상)

완

緩急(완급) 婉曲(완곡) 完璧(완벽) 宛然(완연) 緩衝(완충) 緩行(완행) 緩和(완화)
完備(완비) 完璧(완벽) 緩慢(완만) 緩行(완행)

왜

歪曲(왜곡)　矮小(왜소)

외

外交(외교)　外傷(외상)　外資(외자)　外賊(외적)

요

擾亂(요란)　搖籃(요람)　要領(요령)　要塞(요새)　要素(요소)　療養(요양)　夭折(요절)
搖籃(요람)　搖動(요동)

용

容器(용기)　容量(용량)　容貌(용모)　容恕(용서)　用役(용역)　溶解(용해)

우

憂慮(우려)　憂愁(우수)　郵送(우송)　郵便(우편)　愚鈍(우둔)　愚弄(우롱)　優勢(우세)
優勝(우승)

운

運命(운명)　運送(운송)　運營(운영)　運轉(운전)　雲集(운집)

원

原價(원가)　原稿(원고)　元老(원로)　怨讐(원수)　遠征(원정)　原則(원칙)　怨恨(원한)
怨望(원망)　怨讐(원수)　怨望(원망)　怨讐(원수)　圓滿(원만)　圓熟(원숙)　圓滿(원만)
圓熟(원숙)

월

越權(월권)　月給(월급)　月刊(월간)　越冬(월동)　月賦(월부)

위

尉官(위관) 危機(위기) 慰樂(위락) 慰勞(위로) 慰問(위문) 違法(위법) 違憲(위헌)
危險(위험) 衛生(위생) 僞善(위선) 僞裝(위장) 威勢(위세) 威壓(위압) 委員(위원)
委任(위임) 委囑(위촉) 委託(위탁) 危殆(위태) 危篤(위독) 危險(위험) 偉業(위업)
偉人(위인) 威力(위력) 威嚴(위엄) 胃癌(위암) 胃腸(위장) 衛兵(위병) 衛生(위생)
違反(위반) 違背(위배) 慰勞(위로) 慰問(위문) 僞證(위증) 僞造(위조)

유

類例(유례) 類似(유사) 類推(유추) 遺憾(유감) 遺書(유서) 遺傳(유전) 有故(유고)
有關(유관) 遺棄(유기) 誘導(유도) 誘引(유인) 遊覽(유람) 遊離(유리) 遊說(유세)
留保(유보) 幼兒(유아) 流用(유용) 流通(유통) 維持(유지) 有望(유망) 有識(유식)
遊說(유세) 遊宴(유연) 遺棄(유기) 遺言(유언) 幽靈(유령) 幽閉(유폐) 誘拐(유괴)
誘惑(유혹)

육

育成(육성) 肉體(육체)

윤

輪廓(윤곽) 輪回(윤회) 倫理(윤리) 潤色(윤색) 潤澤(윤택)

융

隆盛(융성) 隆起(융기) 融資(융자)

은

恩德(은덕) 恩師(은사) 慇懃(은근) 隱身(은신) 隱喩(은유) 隱逸(은일) 隱蔽(은폐)
銀行(은행) 恩寵(은총) 恩惠(은혜) 隱匿(은닉) 隱退(은퇴)

음

淫亂(음란) 淫蕩(음탕) 陰性(음성) 陰沈(음침) 陰凶(음흉) 飮食(음식) 詠(음영)
音節(음절) 音標(표음) 吟味(음미) 吟諷(음풍) 陰謀(음모) 陰性(음성)

응

凝固(응고) 凝集(응집) 應答(응답) 應募(응모) 應試(응시) 應用(응용) 應援(응원)
應接(응접)

의

意見(의견) 意氣(의기) 意圖(의도) 意識(의식) 意匠(의장) 意向(의향) 議決(의결)
議論(의론) 議員(의원) 宜當(의당) 依據(의거) 依例(의례) 依然(의연) 依存(의존)
醫療(의료) 醫術(의술) 義理(의리) 義務(의무) 義憤(의분) 義勇(의용) 疑心(의심)
疑惑(의혹) 儀禮(의례) 儀仗(의장)

이

履歷(이력) 履行(이행) 移管(이관) 移動(이동) 移徙(이사) 移讓(이양) 移轉(이전)
異國(이국) 異端(이단) 異腹(이복) 異議(이의) 異彩(이채) 利潤(이윤) 利益(이익)
利子(이자)

익

翌年(익년) 匿名(익명) 溺死(익사)

인

人格(인격) 人工(인공) 人氣(인기) 印鑑(인감) 印象(인상) 印刷(인쇄) 忍苦(인고)
引受(인수) 引下(인하) 仁慈(인자) 認定(인정) 姻戚(인척) 姻親(인친) 因果(인과)
因緣(인연)

일

一掃(일소) 一切(일절) 一針(일침) 一蹴(일축) 日當(일당) 日常(일상) 日誌(일지)
逸話(일화) 賃金(임금) 賃貸(임대) 賃借(임차) 臨機(임기) 臨迫(임박) 臨時(임시)
臨終(임종) 任命(임명) 任用(임용) 任意(임의)

입

入閣(입각) 入金(입금) 入社(입사) 入賞(입상) 入選(입선) 入手(입수) 立法(입법)
立席(입석) 立身(입신) 立案(입안) 立場(입장) 立地(입지) 立體(입체) 立憲(입헌)
立會(입회)

자

子女(자녀) 子孫(자손) 自然(자연) 自由(자유) 姉妹(자매) 姉兄(자형) 姿勢(자세)
姿態(자태) 刺戟(자극) 刺客(자객) 慈悲(자비) 慈愛(자애) 資格(자격) 資質(자질)
磁氣(자기) 恣行(자행) 諮問(자문) 雌雄(자웅)

작

作家(작가) 作故(작고) 作曲(작곡) 作品(작품) 作戰(작전) 作況(작황) 昨今(작금)
昨年(작년) 酌婦(작부) 灼熱(작열)

잔

殘高(잔고) 殘金(잔금) 殘忍(잔인) 殘在(잔재) 殘酷(잔혹)

잠

潛伏(잠복) 潛水(잠수) 潛入(잠입) 潛在(잠재) 暫時(잠시) 暫定(잠정) 箴言(잠언)
蠶農(잠농) 蠶業(잠업)

잡

雜念(잡념) 雜多(잡다) 雜談(잡담) 雜事(잡사) 雜食(잡식)

장

長久(장구) 長短(장단) 場面(장면) 場所(장소) 壯觀(장관) 壯談(장담) 莊嚴(장엄)
莊重(장중) 裝飾(장식) 裝置(장치) 藏書(장서) 藏置(장치) 障碍(장애) 障害(장해)
將軍(장군) 將來(장래) 丈夫(장부) 丈人(장인) 帳記(장기) 帳簿(장부) 獎勵(장려)
獎學(장학) 葬禮(장례) 葬儀(장의) 掌握(장악) 掌中(장중) 臟器(장기) 臟毒(장독)
匠人(장인) 腸斷(장단)

재

才能(재능) 才質(재질) 財物(재물) 財産(재산) 栽培(재배) 材料(재료) 在來(재래)
在籍(재적) 再建(재건) 再起(재기) 災難(재안) 災殃(재앙) 裁斷(재단) 裁判(재판)
載送(재송) 載積(재적) 材木(재목) 再拜(재배)

쟁

爭論(쟁론) 爭議(쟁의) 爭點(쟁점) 爭取(쟁취) 爭奪(쟁탈)

저

貯金(저금) 貯蓄(저축) 低能(저능) 低俗(저속) 底力(저력) 底意(저의) 著名(저명)
著書(저서) 抵觸(저촉) 抵抗(저항)

적

的中(적중) 的確(적확) 赤道(적도) 赤字(적자) 適當(적당) 適性(적성) 摘發(적발)
摘要(적요) 敵對(적대) 敵手(적수) 寂寞(적막) 寂寥(적료) 積金(적금) 積極(적극)
籍沒(적몰) 嫡子(적자)

전

田畓(전답) 田園(전원) 展開(전개) 展望(전망) 全能(전능) 全盛(전성) 典籍(전적)
典當(전당) 專攻(전공) 專門(전문) 傳來(전래) 傳記(전기) 前途(전도) 前後(전후)
電氣(전기) 電報(전보) 戰歿(전몰) 戰爭(전쟁) 轉勤(전근) 轉入(전입) 顚倒(전도)
顚覆(전복) 纏足(전족) 餞別(전별)

절

節概(절개) 節制(절제) 切感(절감) 切親(절친) 絶對(절대) 絶望(절망) 折半(절반)
折衷(절충) 竊盜(절도) 截取(절취)

점

占術(점술) 占有(점유) 店員(점원) 店鋪(점포) 點線(점선) 點心(점심) 漸次(점차)
漸漸(점점) 粘土(점토) 黏性(점성)

접

接近(접근) 接續(접속)

정

丁寧(정녕) 丁年(정년) 正當(정당) 正常(정상) 停年(정년) 停車(정차) 定刻(정각)
定量(정량) 政略(정략) 政治(정치) 貞淑(정숙) 貞節(정절) 情談(정담) 情報(정보)
精誠(정성) 精神(정신) 靜脈(정맥) 靜肅(정숙) 訂正(정정) 訂定(정정) 整列(정렬)
整理(정리) 淨潔(정결) 淨書(정서) 征伐(정벌) 征服(정복) 庭園(정원) 頂上(정상)
偵探(정탐) 程度(정도)

제

弟子(제자) 弟兄(제형) 第一(제일) 第宅(제택) 祭祀(제사) 祭典(제전) 題目(제목)
題言(제언) 諸般(제반) 諸君(제군) 帝國(제국) 帝王(제왕) 除去(제거) 除外(제외)

制度(제도) 制約(제약) 製作(제작) 製品(제품) 提示(제시) 提携(제휴) 齊家(제가)
齊唱(제창) 堤防(제방) 堤沿(제연) 際遇(제우) 際會(제회) 濟度(제도) 濟生(제생)

조

兆占(조점) 兆朕(조짐) 造成(조성) 造形(조형) 調理(조리) 調査(조사) 助教(조교)
助成(조성) 弔客(조객) 弔問(조문) 操心(조심) 操縱(조종) 條件(조건) 條約(조약)
租稅(조세) 租借(조차) 早速(조속) 早晩(조만) 鳥獸(조수) 鳥跡(조적) 祖國(조국)
祖母(조모) 朝夕(조석) 朝廷(조정) 燥渴(조갈) 躁急(조급) 粗惡(조악) 潮流(조류)
照明(조명) 組織(조직)

족

族譜(족보) 族長(족장) 足鎖(족쇄) 足掌(족장)

존

存立(존립) 存在(존재) 尊待(존대) 尊敬(존경)

졸

卒倒(졸도) 卒業(졸업) 拙劣(졸렬) 拙筆(졸필)

종

宗廟(종묘) 宗家(종가) 鐘閣(종각) 鐘樓(종루) 從軍(종군) 從前(종전) 種類(종류)
種子(종자) 終末(종말) 終點(종점) 縱橫(종횡) 縱隊(종대)

좌

左右(좌우) 左翼(좌익) 坐禪(좌선) 坐板(좌판) 座席(좌석) 座談(좌담)

죄

罪囚(죄수) 罪人(죄인)

주

主人(주인) 主觀(주관) 住民(주민) 住宅(주택) 注釋(주석) 注視(주시) 走者(주자)
走破(주파) 周圍(주위) 周邊(주변) 週末(주말) 週日(주일) 晝夜(주야) 晝間(주간)
酒癖(주벽) 酒色(주색) 株式(주식) 株價(주가) 駐在(주재) 駐屯(주둔) 鑄造(주조)
鑄貨(주화) 呪術(주술) 柱礎(주초)

죽

竹林(죽림) 竹筍(죽순)

준

準備(준비) 準則(준칙) 遵守(준수) 遵法(준법) 俊秀(준수) 俊才(준재)

중

中央(중앙) 中心(중심) 衆口(중구) 衆生(중생) 重視(중시) 重複(중복) 仲介(중개)
仲裁(중재)

즉

卽席(즉석) 卽刻(즉각)

증

增加(증가) 增大(증대) 贈與(증여) 贈呈(증정) 曾孫(증손) 憎惡(증오) 證券(증권)
證明(증명) 蒸氣(증기) 蒸發(증발) 症勢(증세) 症狀(증상)

지

志操(자조) 志士(지사) 地理(지리) 地獄(지옥) 支持(지지) 支配(지배) 知識(지식) 知慧(지혜) 智略(지략) 智勇(지용) 指紋(지문) 指針(지침) 紙幣(지폐) 紙筆(지필) 只今(지금) 至誠(지성) 止血(지혈) 枝葉(지엽) 遲刻(지각) 持論(지론)

직

直觀(직관) 直言(직언) 職分(직분) 職業(직업) 織物(직물) 織造(직조)

진

進入(진입) 進退(진퇴) 振幅(진폭) 振動(진동) 眞僞(진위) 眞實(진실) 鎭壓(진압) 鎭痛(진통) 陣營(진영) 陣痛(진통) 珍味(진미) 盡力(진력)

질

質朴(질박) 質量(질량) 疾病(질병) 疾走(질주) 秩序(질서) 姪婦(질부)

집

集散(집산) 集約(집약) 執權(집권) 執念(집념)

징

徵兵(징병) 徵收(징수) 懲戒(징계) 懲罰(징벌)

차

且置(차치) 此後(차후) 差等(차등) 差額(차액) 次期(차기) 次席(차석) 借款(차관) 借用(차용)

착

着工(착공) 着想(착상) 錯覺(착각) 錯誤(착오)

찬

贊成(찬성) 贊助(찬조) 讚歌(찬가) 讚頌(찬송)

찰

察知(찰지) 刹那(찰나) 擦傷(찰상)

참

參加(참가) 參考(참고) 慙愧(참괴) 慙悔(참회) 慘劇(참극) 慘酷(참혹)

창

倉庫(창고) 滄海(창해) 創意(창의) 蒼天(창천) 昌盛(창성) 唱歌(창가) 窓門(창문) 暢達(창달)

채

菜蔬(채소) 菜食(채식) 彩色(채색) 彩雲(채운) 採取(채취) 採用(채용) 債務(채무) 債券(채권)

책

責望(책망) 責任(책임) 策動(책동) 策定(책정) 冊子(책자) 冊床(책상)

처

妻家(처가) 妻福(처복) 處方(처방) 處地(처지) 悽慘(처참) 凄然(처연)

척

尺度(척도) 斥言(척언) 剔抉(척결)

천

千古(천고) 天使(천사) 淺薄(천박) 踐行(천행) 賤待(천대) 遷都(천도) 喘息(천식) 薦擧(천거)\

철

鐵鑛(철광) 鐵則(철칙) 哲理(철리) 哲學(철학) 徹夜(철야) 撤收(철수)

첨

尖端(첨단) 尖塔(첨탑) 添加(첨가) 添附(첨부)

첩

妾室(첩실) 諜者(첩자) 捷徑(첩경)

청

靑雲(청운) 靑天(청천) 晴雨(청우) 晴天(청천) 聽講(청강) 聽衆(청중) 淸廉(청렴) 淸貧(청빈) 請求(청구) 請婚(청혼) 廳舍(청사) 廳事(청사)

체

體育(체육) 體驗(체험) 滯留(체류) 諦念(체념)

초

初級(초급) 初期(초기) 招聘(초빙) 招魂(초혼) 超越(초월) 超然(초연) 礎石(초석) 草稿(초고) 肖像(초상) 抄錄(초록)

촉

促迫(촉박) 促進(촉진) 觸覺(촉각) 燭光(촉광)

촌

寸劇(촌극)　寸步(촌보)　村落(촌락)　村長(촌장)

총

銃劍(총검)　銃擊(총격)　總點(총점)　總計(총계)　聰明(총명)　寵愛(총애)

최

最高(최고)　最新(최신)　催眠(최면)　催淚(최루)

추

秋毫(추호)　秋霜(추상)　推仰(추앙)　推測(추측)　醜女(추녀)　醜態(추태)　追憶(추억)
追求(추구)　抽象(추상)　抽出(추출)

축

畜舍(축사)　畜産(축산)　築城(축성)　築造(축조)　縮圖(축도)　縮小(축소)　祝賀(축하)
祝福(축복)　蓄財(축재)　蓄積(축적)　逐出(축출)　逐斥(축척)

춘

春秋(춘추)　春分(춘분)

출

出沒(출몰)　出世(출세)

충

充當(충당)　充實(충실)　忠實(충실)　忠告(충고)　蟲類(충류)　蟲害(충해)　衝突(충돌)
衝動(충동)

취

取捨(취사) 取得(취득) 就業(취업) 就職(취직) 炊事(취사) 醉興(취흥) 臭氣(취기) 趣味(취미)

측

側近(측근) 側面(측면) 測量(측량) 測定(측정)

층

層階(층계) 層塔(층탑)

치

治療(치료) 治安(치안) 齒科(치과) 齒石(치석) 致死(치사) 致賀(치하) 置重(치중) 稚拙(치졸) 恥事(치사)

칙

則效(칙효) 勅使(칙사)

친

親交(친교) 親戚(친척)

칠

七旬(칠순) 七層(칠층) 漆器(칠기) 漆板(칠판)

침

針線(침선) 鍼術(침술) 浸水(침수) 浸透(침투) 沈沒(침몰) 沈鬱(침울) 侵攻(침공) 侵犯(침범) 寢室(침실) 寢具(침구) 枕木(침목) 枕頭(침두)

칭

稱讚(칭찬) 稱號(칭호)

쾌

快晴(쾌청) 快樂(쾌락)

타

他人(타인) 他地(타지) 妥協(타협) 妥當(타당) 打開(타개) 墮落(타락)

탁

濁流(탁류) 濁酒(탁주) 託兒(탁아) 琢磨(탁마)

탄

炭酸(탄산) 炭素(탄소) 彈劾(탄핵) 彈丸(탄환) 歎息(탄식) 歎願(탄원)

탈

脫稿(탈고) 脫毛(탈모) 奪取(탈취) 奪還(탈환)

탐

探索(탐색) 探訪(탐방) 貪官(탐관) 貪慾(탐욕) 耽溺(탐닉)

탑

塔影(탑영) 搭乘(탑승)

탕

湯器(탕기) 湯藥(탕약) 蕩盡(탕진) 蕩減(탕감)

태

太極(태극) 太平(태평) 怠慢(태만) 怠業(태업) 態度(태도) 態勢(태세) 泰山(태산)
泰然(태연) 胎兒(태아) 胎夢(태몽) 殆半(태반)

택

宅地(택지) 宅配(택배) 擇吉(택길) 擇婚(택혼) 澤池(택지)

토

土地(토지) 土壤(토양) 吐露(토로) 吐瀉(토사) 討議(토의) 討論(토론)

통

通過(통과) 通信(통신) 痛切(통절) 痛症(통증) 統一(통일) 統治(통치)

퇴

退却(퇴각) 退路(퇴로)

투

投球(투구) 投票(투표) 鬪爭(투쟁) 鬪志(투지) 透視(투시) 透徹(투철)

특

特殊(특수) 特技(특기)

파

破格(파격) 破産(파산) 派兵(파병) 派生(파생) 罷場(파장) 波及(파급) 播種(파종)
頗多(파다)

판

判決(판결) 判異(판이) 販路(판로) 販賣(판매) 判書(판서) 板權(판권)

팔

八尺(팔척) 八道(팔도)

패

敗北(패배) 敗亡(패망) 悖倫(패륜) 覇氣(패기)

편

片面(편면) 片鱗(편린) 便安(편안) 便利(편리) 偏愛(편애) 偏僻(편벽) 遍歷(편력) 編成(편성)

평

平凡(평범) 平等(평등) 評價(평가) 評論(평론)

폐

閉鎖(폐쇄) 閉會(폐회) 廢止(폐지) 廢車(폐차) 蔽言(폐언) 幣帛(폐백)

포

布敎(포교) 布陣(포진) 包裝(포장) 包攝(포섭) 飽食(포식) 飽和(포화) 捕捉(포착) 捕獲(포획) 抱負(포부) 浦口(포구) 哺乳(포유) 暴惡(포악)

폭

暴動(폭동) 暴利(폭리) 爆發(폭발) 爆笑(폭소)

표

表記(표기) 表現(표현) 標準(표준) 標的(표적) 票決(표결) 漂流(표류)

품

品位(품위) 品質(품질)

풍

風景(풍경) 風俗(풍속) 豊年(풍년) 豊作(풍작) 楓林(풍림) 楓葉(풍엽)

피

皮膚(피부) 皮革(피혁) 疲困(피곤) 疲勞(피로) 避亂(피란) 避暑(피서) 彼此(피차)
彼岸(피안) 被服(피복) 被害(피해)

필

必須(필수) 必要(필요) 筆談(필담) 筆名(필명) 匹夫(필부) 畢竟(필경)

하

下賜(하사) 下位(하위) 賀禮(하례) 夏至(하지) 何必(하필) 荷重(하중)

학

學界(학계) 學習(학습) 虐待(학대) 虐殺(학살)

한

閑寂(한적) 閑散(한산) 韓國(한국) 韓服(한복) 限界(한계) 限定(한정) 恨歎(한탄)
寒冷(한랭) 旱害(한해) 漢方(한방)

할

割據(할거) 割當(할당)

함

陷落(함락) 陷沒(함몰) 含有(함유) 含蓄(함축) 緘口(함구) 涵養(함양)

항

恒常(항상) 恒久(항구) 港口(항구) 港都(항도) 抗拒(항거) 抗訴(항소) 巷說(항설) 項目(항목) 航路(항로)

해

害毒(해독) 害惡(해악) 海洋(해양) 海外(해외) 解決(해결) 解釋(해석) 該博(해박) 該當(해당) 偕老(해로) 諧謔(해학) 邂逅(해후)

핵

核質(핵질) 核心(핵심)

행

行方(행방) 行實(행실) 幸福(행복) 幸運(행운)

향

向上(향상) 向學(향학) 香料(향료) 香水(향수) 鄕愁(향수) 鄕土(향토) 響應(향응) 饗宴(향연)

허

虛實(허실) 虛妄(허망) 許諾(허락) 許容(허용)

헌

獻金(헌금) 獻身(헌신) 憲法(헌법) 憲政(헌정)

험

險難(험난) 險談(험담) 驗證(험증)

혁

革命(혁명) 革新(혁신)

현

現場(현장) 現在(현재) 玄妙(현묘) 玄米(현미) 絃樂(현악) 懸案(현안) 賢明(현명)
縣令(현령) 顯著(현저)

혈

血管(혈관) 血液(혈액) 穴居(혈거)

협

協同(협동) 協議(협의) 脅迫(협박) 脅從(협종)

형

兄弟(형제) 兄夫(형부) 形成(형성) 形態(형태) 刑罰(형벌) 亨通(형통)

호

戶口(호구) 戶籍(호적) 呼出(호출) 呼訴(호소) 護國(호국) 護衛(호위) 虎皮(호피)
湖水(호수) 胡亂(호란) 好感(호감) 號令(호령) 豪傑(호걸)

혹

或是(혹시) 或者(혹자) 惑說(혹설) 酷毒(혹독) 酷評(혹평)

혼

婚期(혼기) 婚姻(혼인) 混成(혼성) 混同(혼동) 昏迷(혼미) 昏睡(혼수) 魂魄(혼백)
魂靈(홍령)

홀

忽視(홀시) 忽然(홀연)

홍

紅顔(홍안) 紅蔘(홍삼) 弘報(홍보) 弘益(홍익) 洪水(홍수) 鴻博(홍박)

화

火急(화급) 火災(화재) 花粉(화분) 花甁(화병) 和暢(화창) 和睦(화목) 畵家(화가)
畵風(화풍) 化石(화석) 化粧(화장) 話題(화제) 話術(화술) 華麗(화려) 華燭(화촉)
貨物(화물) 禍根(화근)

확

確固(확고) 確實(확실) 擴大(확대) 擴充(확충)

환

歡迎(환영) 歡喜(환희) 患部(환부) 患者(환자) 丸藥(환약) 丸劑(환제) 還收(환수)
還鄕(환향) 環境(환경) 換算(환산)

활

活氣(활기) 活路(활로)

황

黃金(황금) 黃泉(황천) 皇帝(황제) 皇室(황실) 荒凉(황량) 況且(황차)

회

回顧(회고) 回答(회답) 懷古(회고) 懷抱(회포) 會見(회견) 會合(회합) 悔改(회개) 悔恨(회한) 灰色(회색)

획

獲得(획득) 獲利(획리) 劃一(획일) 劃策(획책)

횡

橫斷(횡단) 橫財(횡재)

효

孝子(효자) 孝誠(효성) 曉星(효성) 曉鐘(효종) 效果(효과) 效用(효용)

후

後患(후환) 後事(후사) 喉頭(후두) 喉舌(후설) 厚德(후덕) 厚待(후대) 候補(후보) 后妃(후비)

훈

訓育(훈육) 訓示(훈시) 燻製(훈제) 燻蒸(훈증)

훼

毁損(훼손) 毁謗(훼방)

휘

揮帳(휘장) 揮毫(휘호) 輝煌(휘황) 輝映(휘영)

휴

休日(휴일) 休暇(휴가) 携帶(휴대) 携引(휴인)

흉

凶器(흉기) 凶計(흉계) 胸襟(흉금) 胸中(흉중)

흑

黑幕(흑막) 黑字(흑자)

흡

吸收(흡수) 吸血(흡혈)

흥

興盛(흥성) 興行(흥행)

희

希求(희구) 希望(희망) 稀貴(희귀) 稀微(희미)

喜劇(희극) 喜悅(희열) 戲曲(희곡) 戲弄(희롱) 犧牲(희생)

김훈호

전남대학교 중어중문학과 졸업

전남대학교 대학원 문학박사

순천대학교 중어중문학과 교수

중국하북사범대학 객원교수

인문예술대학 학장 역임

오길용

전북대학교 중어중문학과 졸업

전남대학교 대학원 문학박사

군산대학교 중어중문학과 교수

한자와 우언(寓言)

초판 1쇄 발행 _ 2022년 1월 31일

저　자 · 김훈호 · 오길용
발행인 · 정 현 걸
발　행 · 신 아 사
인　쇄 · 대명프린팅
주　소 · 서울특별시 은평구 통일로 59길 4 (2층)
전　화 · (02) 382-6411 팩스 · (02) 382-6401
홈페이지 · www.shinasa.co.kr
E-mail · shinasa@daum.net
출판등록 · 1956년 1월 5일 (제 9-52호)

ISBN : 979-11-91158-78-6 (93720)

정가 16,000원